KB202781

예수의 소문이 더욱 퍼지매
수많은 무리가 말씀도 듣고
자기 병도 고침을 받고자 하여 모여 오되
예수는 물러가사 한적한 곳에서 기도하시니라

하루는 가르치실 때에
갈릴리의 각 마을과 유대와 예루살렘에서 온
바리새인과 율법교사들이 앉았는데
병을 고치는 주의 능력이
예수와 함께 하더라

누가복음 5:15~17

# 종일 기도

김열방 지음

성령님과 무시 기도를 하라
성령님과 정시 기도를 하라
성령님과 종일 기도를 하라
성령님과 금식 기도를 하라

날개미디어

[ 머리말 ]

# "기도에의 부르심에 헌신하라"

당신은 '종일 기도'를 도전해 보았습니까?

나는 여러 종류의 기도를 하지만 그 중에서도 종일 기도를 좋아하고 즐기는 편입니다. 종일 기도는 일과 시간 내내 주님과 단둘이 시간을 보내며 기도하는 것입니다.

많은 사람들이 기도에 대한 그런 뜨거운 소원을 갖고 있습니다. 주님을 사모하는 사람들은 다들 말합니다.

"아, 바쁜 스케줄과 분주한 일상을 다 멈추고 기도원에 가서 종일 주님과만 시간을 보내고 싶다. 그렇게 하루 종일 기도하고 성경을 읽으면 얼마나 좋을까?"

1년에 단 하루만이라도 휴가를 내서 그런 날을 가진다면 소원이 없겠다고 말하는 사람도 있습니다.

나도 그런 마음이 종종 들었습니다.

'어디에 가서 종일 기도하며 성경을 읽고 싶다.'

당신도 그런 마음이 든다면 이 책을 읽고 종일 기도를 시도해 보십시오. 꼭 기도원에 가지 않더라도 가까운 교회에서 기도하면 됩니다. 나는 교회에서 종일 기도합니다.

"교회에 가면 사람들이 있잖아요. 정신이 산만해요."

그렇습니다. 하지만 그들에게 양해를 구하면 됩니다.

"혼자 종일 기도하러 왔어요."

그러면 아무도 붙들지 않습니다. 기도 분위기는 자신이 만들면 됩니다. 기도 분위기를 다른 사람에게 의존하지 말고 스스로 만들어야 합니다. 나는 우리 교회에서만 아니라 지방에 가서도 기도 분위기를 직접 만듭니다.

다른 교회에서 종일 기도할 때는 '부드러운 피아노 찬양'을 틀어 놓고 몇 시간 기도합니다. 다만 오래 기도해야 하기 때문에 귀가 피곤하지 않는 부드러운 반주 음악을 고르는 것이 좋습니다. 요즘은 휴대폰의 스피커와 배터리 성능이 좋아서 기도할 때 사용하기 너무 좋습니다. 부드러운 음악과 함께 기도 시간이 물 흐르듯 계속 흘러갑니다.

금방 1시간이 지나가고 5시간, 10시간이 됩니다.

나는 방언 곧 영으로 기도하면서 성경을 펴놓고 읽습니다. 영으로 기도하면서 성경을 읽으면 영의 눈이 열려 성경이 살아 움직입니다. 엄청난 깨달음이 쏟아지고 너무 많아 감당이 안 될 정도입니다. 그리고 복음이 담긴 책도 펴놓고 읽습니다. 이때 깨달아지면 여백에 메모합니다.

이런 시간을 보내면서 많은 문제와 고민들이 하루 만에 해결됩니다. 10년 동안 풀리지 않았던 문제가 하루 만에 풀리고 종결됩니다. 때로는 수천만 원의 재정이 하루 만에 채워집니다. 없던 것이 생겨나고 안 되던 일이 됩니다.

머리를 쥐어뜯던 문제가 해결되고 악한 영이 떠나가고 질병이 치유됩니다. 하나님의 믿음과 소망과 사랑으로 가득 채워집니다. 당신도 이런 기적을 경험할 수 있습니다.

1년 365일 중에 이런 날을 가질 수 있다는 것이 황홀하기만 합니다. 그래서 종일 기도 횟수를 늘렸습니다. 1년에 한 번에서 한 달에 한 번, 그리고 일주일에 한 번 종일 기도를 했습니다. 그리고 지금은 매일 종일 기도를 합니다.

“365일 하루도 빼지 않고 종일 기도를 한다고요?”

그런 의미는 아닙니다. 내게도 많은 스케줄이 있습니다. 예배와 심방, 집회와 강연, 독서와 저술, 산책과 여행, 모임과 만남이 있습니다. 그런 날은 종일 기도를 못합니다. 그래도 괜찮습니다. 나는 매일 종일 기도를 한다고 마음먹고 다른 스케줄이 없는 날은 무조건 교회에 가서 종일 기도를 합니다. 이것이 내게는 큰 즐거움입니다.

나는 빽빽한 스케줄과 식사 모임을 좋아하지 않습니다.

그래서 내 생활을 단순화시켰습니다. 어떤 모임과 만남이든 성령님께 묻고 그분이 가라고 하시면 갑니다. 예수님도 그랬습니다. 큰 무리가 도움을 얻기 위해 몰려오는데 그분은 일어나 한적한 곳에 가서 오래 기도하셨습니다. 그 후에 가르칠 때 하나님의 나라가 권능으로 임했습니다.

"예수의 소문이 더욱 퍼지매 수많은 무리가 말씀도 듣고 자기 병도 고침을 받고자 하여 모여 오되 예수는 물러가사 한적한 곳에서 기도하시니라. 하루는 가르치실 때에 갈릴리의 각 마을과 유대와 예루살렘에서 온 바리새인과 율법교사들이 앉았는데 병을 고치는 주의 능력이 예수와 함께 하더라."(눅 5:15~17)

어떤 사람도 잠깐 한두 마디 기도하기 위해 일어나 한적한 곳에 가지 않습니다. 길에서 중얼거리면 됩니다.

예수님은 그런 짧은 기도를 하기 위해 기도하러 가신 것이 아닙니다. 몇 시간 또는 한나절이나 온종일 기도하기 위해 무리를 떠나 혼자 산이나 빈들로 가신 것입니다.

나는 종일 기도에 대해 이렇게 나름대로 정했습니다.

"직장인들이 근무하는 9시~6시까지 종일 기도한다."

성경에는 '종일'이란 단어가 많이 나옵니다. 종일의 사전적 의미는 '아침부터 저녁까지 내내'입니다. 가장 정신이 맑고 컨디션이 좋은 시간대입니다. 세상 기업에서는 청년들에게 월급을 주며 이 시간대를 온전히 헌신하라고 말합니다. 하나님의 기업의 직원은 '주의 종'입니다. 그렇다면 주의 종들은 이 시간대에 기도하기 위해 헌신하는 것이 필요합니다. 설교 준비와 제자 훈련, 심방하고 상담하는 것도 중요하지만 그 무엇보다 기도에 헌신해야 합니다.

우리는 종일 기도를 통해 무엇을 얻게 될까요?

첫째, 종일 주님을 기다리게 됩니다.

다윗은 주님의 인도와 도움을 구하며 고백하기를 "내가 종일 주를 기다리나이다"(시 25:5)라고 했습니다. "기다린다"는 말은 '얼굴을 바라본다'는 뜻입니다. 나는 여호와의 얼굴을 구하며 그분의 더 많은 임재와 기름 부음이 나타나기를 사모하고 바라봅니다. 또한 주님께서 그분의 진리로 나를 지도하고 교훈해 주시기를 기다립니다. 주님은 내 구원의 하나님이십니다. 나는 문제가 생기면 사람을 의지하지 않고 오직 주님의 구원의 손길을 기다립니다. 주님 앞에 엎드려 기도합니다. 이것이 내 인생입니다.

둘째, 종일 금식하며 기도하고 회개하게 됩니다.

우리는 하나님 앞에서 종일 금식하며 기도하고 회개해

야 합니다. "그들이 미스바에 모여 물을 길어 여호와 앞에 붓고 그 날 '종일 금식'하고 거기에서 이르되 우리가 여호와께 범죄하였나이다."(삼상 7:6)

나는 9시에 기도를 시작하면 오후 6시까지 물만 한 모금씩 마시며 계속 기도합니다. 그래도 전혀 배고프지 않고 지치지도 않습니다. 영이 강해지면 육신은 배고픔을 못 느낍니다. 많은 사람들이 한 끼만 굶어도 큰일 나는 줄 압니다. 사람은 물을 마시면 80일간 금식해도 됩니다.

"금식하면 배고프지 않나요? 어지럽지 않나요?"

글쎄요. 나는 괜찮습니다. 기도하는 중에 허기와 배고픔을 못 느낍니다. 예수님도 40일 금식이 끝난 후에야 굶주림을 느끼셨습니다. "사십 일을 밤낮으로 금식하신 후에 주리신지라."(마 4:2) 나는 매일 9시~6시까지 종일 기도할 때 먹고 마시는 일에 조금도 매이지 않습니다. 그렇게 금식하면서 기도하면 저절로 다이어트가 됩니다.

현대인은 너무 많이 먹어서 탈입니다. 위장은 좀 멈추고 영이 강하게 활동하게 해야 하는데 반대로 합니다. 기도하지 않아 영이 멈추고 끝도 없이 먹어 위장이 종일 활동하게 합니다. 그래서 몸이 늘 피곤한 것입니다.

음식 앞에서 욕심 부리지 말고 제발 조금만 드십시오.

물론 하루에 한 끼를 먹든 열 끼를 먹든 각자 자유입니다. 40일 금식한다고 조금이라도 더 의로워지는 것도 아닙니다. 먹는 것과 의는 아무 상관없습니다. 전 세계 82억 인구는 오직 예수 그리스도를 믿음으로만 의로워집니다.

하지만 성경 인물들은 하나님과 동업하기 위해 뜻을 정하여 금식하며 기도했습니다. 모세, 다니엘, 에스더가 금식했습니다. 예수님과 바울도 금식하며 기도했습니다.

뜻을 정하여 금식하며 기도하고 회개하십시오.

"회개할 것이 많은가 봐요?"

많습니다. 기도하면 회개할 것이 자꾸 떠오릅니다. 기도할 때 성령님의 세미한 음성이 들리고 성경 말씀이 깨달아지면 저절로 회개하게 되고 삶을 조정하게 됩니다. 성경은 "믿음으로 하지 않는 모든 것이 죄다"(롬 14:23)라고 했습니다. 회개는 하나님께 대한 믿음을 회복하는 것입니다. 우리는 더 많이 금식하고 기도하고 회개해야 합니다.

셋째, 종일 하나님의 기적을 경험하게 됩니다.

성경은 눈물을 흘리며 씨를 뿌릴 때가 있고 기쁨으로 단을 거둘 때가 있다고 말씀합니다. 마찬가지로 종일 기도할 때가 있고 종일 응답받을 때가 있습니다. 간절히 기도하면 성령의 바람이 불고 종일 응답이 쏟아집니다.

나는 그런 경험을 많이 했습니다.

광야에서 이스라엘 백성들도 그랬습니다.

하나님은 모세의 기도에 응답하셔서 바람이 불게 하셨고 종일 메추라기를 거두게 하셨습니다.

"바람이 여호와에게서 나와 바다에서부터 메추라기를 몰아 진영 곁 이쪽저쪽 곧 진영 사방으로 각기 하룻길 되는 지면 위 두 규빗 쯤에 내리게 한지라. 백성이 일어나 그날 '종일 종야와 그 이튿날 종일토록' 메추라기를 모으니 적게 모은 자도 열 호멜이라. 그들이 자기들을 위하여 진영 사면에 펴 두었더라."(민 11:31~32)

내가 20대에 한 교회의 전도사로 사역할 때 혼자 사택에서 무릎 꿇고 하루에 몇 시간씩 '성령의 역사가 일어날 때까지' 계속 기도했습니다. 그러자 어느 날부터 성령의 바람이 교회 마당에 불기 시작했습니다. 예배하러 오는 학생들과 성도들이 성령의 임재와 기름 부음을 강하게 느끼며 울며 회개하고 방언을 받았습니다. 그들은 기도의 영에 사로잡혀 자기들끼리 모여 기도하기 시작했습니다.

하루는 숨어 있던 악한 귀신이 소리 지르며 떠나갔습니다. 성도들이 교회 안 사택에 모여 합심으로 기도하는데 한 사람이 갑자기 눈을 질끈 감고 소리를 질렀습니다.

"안 간다. 안 가. 내가 큰 무당 귀신인데, 이 사람을 큰 무당 만들고 나중에는 죽이려고 몰래 여기 들어왔어."

나는 그 사람을 일으켜 세우고 안수하며 말했습니다.

"예수 그리스도의 이름으로 명하노니, 귀신아 나가라."

즉시 그 사람이 쓰러지며 귀신이 나갔고 어두웠던 얼굴이 환하게 밝아졌습니다. 나중에 그의 손자도 데리고 와서 내게 안수 받고 성령을 체험하고 방언을 받았습니다.

그때 종일 성령님의 임재와 기름 부음이 강하게 나타났고 많은 사람들이 은혜 받고 변화되었습니다.

지금도 그런 역사가 동일하게 일어납니다.

하나님의 나라는 말에 있지 않고 오직 능력에 있습니다. 당신은 경건의 모양은 있지만 경건의 능력이 없는 자에게서 돌아서야 합니다. 기도하면 능력이 나타납니다. 기도하지 않으면 능력이 안 나타나고 육신으로만 살 뿐이며 평생 아무 일도 안 생깁니다. 무릎 꿇고 기도하십시오.

기도하는 시간을 늘리십시오. 3시간, 5시간, 10시간 기도하십시오. 종일 기도하면 종일 기적이 일어납니다.

이 책을 읽고 1년에 하루, 한 달에 하루, 일주일에 하루라도 '종일 기도'에 헌신하기 바랍니다.

종일 주님과 함께 시간을 보내는 것, 이것이 최고의 럭셔리이고 내 가슴을 설레게 합니다.

2024년 5월 10일

김열방 목사

[목차]

머리말. “기도에의 부르심에 헌신하라” / 3

제 1부. 종일 기도에 대한 뜻을 정하라 / 15

제 2부. 기도로 모든 문제를 양도하라 / 61

제 3부. 기도로 당신의 운명을 바꾸라 / 73

제 4부. 기도할 때 받은 언약을 끝까지 믿으라 / 81

제 5부. 절대 긍정의 믿음으로 기도하라 / 89

제 6부. 기도로 응답의 씨앗을 뿌리라 / 103

제 7부. 예수님과 함께 종일 기도하라 / 121

제 8부. 기도하지 않으면 비참해진다 / 127

제 9부. 기도 응답으로 상을 받으라 / 141

제 10부. 건강한 몸으로 평생 기도하라 / 161

종일 기도. 제 1 부 – 김열방

## 종일 기도에 대한 뜻을 정하라

당신은 종일 기도를 한 적이 있습니까?

나는 뜻을 정하고 교회에 가서 종일 기도합니다.

기본적으로 기도는 무시 기도와 정시 기도가 있습니다.

무시 기도는 성령님의 임재 가운데 그분과 친밀한 교제를 나누며 생활하는 것입니다. 눈 뜨면서부터 잠잘 때까지 성령님과 함께 호흡하면서 그분을 의식하는 것입니다.

다윗은 주의 영을 모신다고 고백했습니다.

"내가 여호와를 항상 내 앞에 모심이여, 그가 나의 오른쪽에 계시므로 내가 흔들리지 아니하리로다."(시 16:8)

## 성령님께 말을 걸어라

나도 다윗처럼 성령님과 사귑니다.

나는 하루 종일 성령님을 모시고 살며 그분과 동행합니다. 먼저 아침에 눈을 뜨면 내 안에 가득히 계시고 나를 덮고 계신 성령님께 말을 걸고 환하게 웃으며 인사드립니다.

"성령님, 안녕하세요? 오늘도 참으로 좋은 날입니다. 성령님께서 저와 함께 계시니 행복합니다. 사랑합니다. 감사합니다. 오늘도 모든 일을 함께해 주세요."

그리고 내 몸을 성령님께 양도합니다.

성경에는 "너희 몸을 하나님이 기뻐하시는 거룩한 산 제물로 드리라"(롬 12:1)고 했습니다. 너희 영이나 마음을 드리라고 하지 않고 몸을 드리라고 했습니다.

"드리라"는 말은 '양도하라'는 뜻입니다.

나는 매일 내 몸을 주인이신 성령님께 양도합니다.

"사랑하는 성령님, 제 눈과 손과 발과 입술과 마음과 온몸과 의지를 성령님께 드립니다. 아버지의 영광을 위해, 예수님의 이름을 위해 저를 사용해 주세요. 오늘도 성령님과 함께 말하고 생각하고 듣고 행동하고 걷고 뛰기를 원합니다. 모든 일을 성령님과 함께 하기를 원합니다."

그리고 보혜사로 오신 성령님께 도움을 구합니다.

"성령님, 오늘도 거룩한 삶을 살게 해주세요. 인도해 주세요. 가르쳐 주세요. 치유해 주세요. 코치해 주세요. 도와주세요. 종일 기도하게 해주세요."

이렇게 성령님과 함께 하루를 출발합니다.

나는 하루 종일 성령님과 함께 숨 쉬고 생각하고 말하고 듣고 걷습니다. 이것은 무시 기도에 해당합니다.

하지만 그것으로 끝나지 않습니다.

## 정시 기도하는 습관을 만들라

나는 매일 정시 기도를 합니다. 보통 정시 기도는 오전에 3시간, 오후에 2시간 정도 합니다. 이런 정시 기도 생활이 20세부터 지금까지 이어져 오고 있습니다.

기도는 습관입니다. 예수님도 습관을 따라 감람산에 가서 기도하셨다고 했습니다. 당신도 기도하는 습관을 만들기 바랍니다. 기도하는 습관은 내 힘으로 잘 만들어지지 않습니다. 성령님께 도움을 구하면 쉽습니다.

"성령님, 제가 기도하는 습관을 만들게 해주세요."

도움을 구할 때 구체적으로 기도 시간을 정하는 것이 좋습니다. "다니엘이 뜻을 정하여"라고 했습니다.

성령님은 뜻을 정하고 도움을 구할 때 도와주십니다.

이렇게 말하면 됩니다. "사랑하는 성령님, 하루에 3시간 기도하는 습관을 만들게 해주세요."

각자 기도하는 시간은 다를 것입니다.

어떤 사람은 1시간, 어떤 사람은 2시간, 어떤 사람은 그 이상이 될 수도 있습니다. 몇 시간 기도할지는 각자 마음에 정하고 그런 습관을 만들게 해 달라고 성령님께 도움을 구하면 됩니다. 습관이 만들어지고 굳어질 때까지 매일 아침에 눈을 뜨면 중얼거리며 성령님께 도움을 구하십시오.

습관이 되면 숨 쉬는 것처럼 자연스러워집니다.

바울은 "너희가 연보할 때 억지로나 인색함으로 하지 말고 즐거운 마음으로 하라. 하나님은 즐겨 내는 자를 사랑하신다"고 했습니다. 기도 생활도 마찬가지입니다.

나는 억지로나 인색함으로 기도하지 않습니다. 자원하는 마음으로 즐겨 시간 내어 기도합니다. 내 배에서 흘러나오는 생수의 강을 따라 행복한 마음으로 기도합니다.

기도하는 시간은 강물 흐르듯이 흘러갑니다.

"내 기도하는 그 시간 그 때가 가장 즐겁다"는 찬송 가사와 같습니다. 기도하는 시간이 가장 즐겁고 귀합니다.

예수님이 어떻게 기도하셨나요? "주 세상에서 일찍이 저 요란한 곳 피하여 빈들에서나 산에서 온 밤을 새워 지내사 주 친히 기도로 큰 본을 보여 주셨네.”

## 하나님께 최고를 드리라

당신은 지금까지 평생 살면서 하나님께 최고의 것으로 무엇을 드렸습니까? 돈, 가축, 몸, 토지, 소출 등 많은 것이 있겠지만 그 모든 것보다 더욱 귀한 것이 있습니다.

무엇일까요? 시간입니다. 정시 기도는 ‘기도하는 시간’을 하나님께 드리는 것입니다. 기도하는 것이 곧 내 몸을 하나님이 기뻐하시는 거룩한 산 제물로 드리는 것입니다.

시간은 금이 아닙니다. 시간은 금보다 억만 배나 귀한 생명입니다. 기도는 금보다 억만 배나 귀한 자신의 시간 곧 생명이 담긴 몸을 하나님께 드리는 것입니다. 예수님은 제자들에게 깨어 기도하라고 말씀하셨습니다.

“제자들에게 오사 그 자는 것을 보시고 베드로에게 말씀하시되 ‘너희가 나와 함께 한 시간도 이렇게 깨어 있을 수 없더냐? 시험에 들지 않게 깨어 기도하라. 마음에는 원이로되 육신이 약하도다’ 하시고.”(마 26:40~41)

여기서 구체적인 시간 곧 ‘한 시간’을 말씀하셨습니다.

어떤 신학자는 예수님이 동일한 기도를 세 번 드리고

제자들에게 다가오셨으므로 아마 3시간 정도를 기도하셨을 것이라고 해석하기도 합니다. 예수님은 오래 기도하셨습니다. 높은 산에서 기도할 때도 오래 기도하셨는데, 그동안 제자들은 깊은 졸음에 빠져 있었습니다. "베드로와 및 함께 있는 자들이 깊이 졸았다"(눅 9:32)고 했습니다.

그들은 존다고 정신이 없었고 온전히 깨어났지만 하나님의 뜻을 깨닫지 못하고 헛소리만 했습니다. 사람은 졸든 온전히 깨었든 기도하지 않으면 성령의 감동을 받을 수 없고 입만 열면 엉뚱한 소리만 늘어놓게 됩니다.

베드로는 순간 예수님과 함께 말하는 모세와 엘리야의 모습을 눈으로 보고 예수님도 그 정도로 생각했습니다. 하지만 모세와 엘리야는 사라졌고 예수만 보였습니다.

"오직 예수만 보이더라."(눅 9:36)

## 성령님께 도움을 구하라

예수님은 십자가에 못 박히시기 전에 기도하셨습니다.

우리도 예수님처럼 어떤 일을 당하든 기도로 미리 준비해야 합니다. 그것도 잠깐 지나가는 짧은 기도가 아닌 깊은 기도, 오랜 기도를 해야 합니다. 예수님은 당장 죽음을 앞두고 몇 시간 동안 기도에 푹 빠지셨습니다. 당신에게 죽을 일이 다가왔습니까? 예수님처럼 사람들과 거리를 두고 몇 시간 동안 기도에 푹 빠지십시오.

나도 어떤 일이 있으면 교회에 가서 종일 기도합니다.

종일 기도, 이 얼마나 좋은 말입니까?

하루 종일 주님과만 시간을 보내는 것입니다.

베드로를 비롯한 다른 제자들은 마음에는 원이었지만 육신이 약하여 기도하지 못하고 졸고 있었습니다.

예수님도 마음에는 원이었지만 육신이 약하셨습니다.

그러나 예수님은 성령님의 도움을 받아 육신을 쳐서 복종시키며 무릎 꿇고 기도하셨고 또 그렇게 마음먹고 기도할 때 아버지께서 기도를 돕는 천사를 보내 주셨습니다.

하나님은 기도하고자 하는 자를 도우십니다.

우리도 뜻을 정하여 기도해야 합니다. 뜻을 정해 간절히 기도하면 하나님이 천사를 보내 주십니다. 기도하지 않고 정신없이 졸고 있는 제자들에게 하나님이 천사를 보내 강압적으로 기도하게 하신 것이 아닙니다. 하나님은 누구도 강압하지 않으십니다. 그분은 자유의지를 존중하십니다. 그러므로 당신도 뜻을 정해서 기도하십시오.

하루에 몇 시간씩 정시 기도를 하든지, 아니면 9시~6시까지 '종일 기도'하겠다고 뜻을 정하십시오.

## 음식에 매이지 말고 기도하라

금식 기도와 철야 기도를 하는 것도 좋습니다.

나도 어떤 일이 생기면 금식 기도와 철야 기도를 할 때가 있습니다. 철야 기도는 가끔 하지만 금식 기도는 밥 먹듯이 합니다. 밥 먹듯이 한다는 말은 먹는 날보다 안 먹는 날이 더 많다는 것입니다. 나는 평소에 하루에 한 끼를 먹습니다. 세 끼 먹는 사람에 비해서는 두 끼를 덜 먹는 편입니다. 종일 기도를 할 때는 9시~6시까지 교회에서 물만 마시며 기도합니다. 물도 많이 마시지는 않고 목이 마를 때만 한 모금씩 마십니다. 하루에 한 컵 정도 마십니다.

금식 기도는 왜 할까요? 음식과 상관없이 기도에만 전념할 수 있기 때문입니다. 나는 음식을 탐하지 않습니다. 평소에도 하루에 한 끼만 먹습니다. 그러니 낮에는 음식을 먹을 일이 없기도 하고 교회에서 기도하다 보면 먹는 것에 매이지 않고 온전히 기도에 전념할 수 있어 좋습니다.

내가 한 끼만 먹는다고 하니 주위에서 말합니다.

"그렇게 한 끼만 먹으면 바싹 마르지 않나요? 영양은 어떻게 되나요? 영양실조에 걸리지 않나요? 한 끼만 먹지만 고기를 잔뜩 드시나 봐요? 사람은 반드시 하루 세 끼를 챙겨 먹어야 한다고 어릴 때부터 귀가 닳도록 들었어요. 공복이 생기면 위장이 헐고 몸이 약해져요."

정말 그럴까요? 아닙니다.

나는 하루에 8시간 정도 푹 자고 아침에 눈을 뜨면 기분이 매우 상쾌합니다. 그리고 오전에는 먹지 않고 화장실에 가서 몸을 비우기만 합니다. 저녁 7시에 먹은 것은 다음날 아침 7시에 변으로 나와 싹 비웁니다. 그러면 몸이 아주 가볍고 배가 쏙 들어가고 날씬해집니다. 그래도 어제 먹은 음식의 에너지가 내 몸 구석구석에 비축되어 있어서 힘이 넘치고 종일 기도해도 배고픔을 못 느낍니다.

나는 1년 내내 배고픔과 허기를 느끼지 않습니다.

왜 그럴까요? 영양가가 가득한 '찹쌀현미잡곡밥'을 매일 저녁 식사로 먹기 때문입니다. 고기는 일주일에 두 번 정도 조금만 먹습니다. 고기 중에서도 하나님이 먹지 말라고 한 더러운 것은 안 먹습니다. 하나님이 먹으라고 한 소고기, 양고기, 가금류(닭, 오리), 생선만 먹습니다.

나는 일곱 가지로 냉장고를 채우고 그것만 먹는데 '곡채과 소양가생'입니다. 곡식, 채소, 과일, 소고기, 양고기, 가금류, 생선입니다. 그래도 내 잔이 넘칩니다.

조금만 먹어도 영양이 넘칩니다. 밥도 많이 먹지 않습니다. 반식 곧 반만 먹습니다. 이런 말이 있습니다.

"반식하면 수명이 배로 늘어난다."

사람은 끝도 없이 먹고, 너무 많이 먹어서 탈입니다.

조금만 먹어야 합니다. 매번 끼니마다 돼지처럼 자기 배를 가득 채우는 미련한 짓은 하지 말아야 합니다. 위장의 반이나 80퍼센트만 채우고 좀 비워 놓아야 합니다.

우리 집에서는 키우는 강아지도 날씬하고 건강합니다. 주인이 하루에 두 끼만 시간을 정해서 주기 때문입니다. 간식도 중간에 자꾸 주지 않고 저녁에 조금만 줍니다.

정말 반려 동물을 사랑한다면 많이 먹이지 말아야 합니다. 많이 먹이면 빨리 죽습니다. 동물에게 많이 먹이면 몸이 둔해지고 병이 생깁니다. 시도 때도 없이 간식을 많이 먹이면 비만에 걸려 제대로 걷지도 못합니다.

## 나는 영양가 많은 한 끼를 먹는다

나는 한 끼를 먹지만 세 끼의 영양을 챙깁니다.

영양가가 10인 음식을 세 끼 챙겨 먹는 것보다 영양가가 100인 음식을 한 끼 먹는 것이 낫습니다. '흰쌀밥'은 영양가가 10도 안 되지만 내가 먹는 찹쌀현미잡곡밥은 영양가가 100이 넘기 때문에 한 끼만 먹어도 넘칩니다.

나는 마트에서 파는 제품들은 사 먹지 않습니다.

첨가물이 섞인 것은 죽은 음식입니다. 죽은 음식을 먹으면 빨리 죽습니다. 첨가물은 독입니다. 식당에서도 요리에 감칠맛을 내기 위해 '비법 가루'라면서 첨가물을 퍼 넣는 경우가 많습니다. 나는 당질류도 거의 먹지 않습니다.

어쩔 수 없이 먹어야 한다면 조금만 먹습니다.

얼마 전에도 목회자 모임에 갔는데 그곳에서 대량으로 구입한 첨가물이 가득 담긴 당질류의 간식과 음료, 영양제를 사람들에게 하나씩 나누어 주었습니다. 그것을 먹고 마시는 목회자들의 건강에 탈이 안 날 수 없습니다.

그들은 큰 병에 걸리고 나면 말합니다.

"나는 하나님의 종인데, 왜 이런 병에 걸렸나?"

아무리 생각해도 이게 아닌 것 같은데 자신이 암과 당뇨병, 뇌졸중 등 불치의 병에 걸렸다는 선교사님과 목사님들, 부흥사들이 고개를 떨어뜨리며 하나님께 섭섭한 마음을 표현하는 것을 보게 됩니다. 하나님이 그런 병을 주신 것이 아닙니다. '음식'에 대한 성경 말씀을 무시하고 하나님의 성전인 자기 몸에 아무거나 집어넣었기 때문입니다.

"지금은 은혜의 시대인데, 아무거나 다 먹어도 되지 않나요? 왜 그렇게 까다롭게 그래요. 아무거나 먹고, 묻지 말고 먹고, 따지지 말고 먹고, 남기지 말고 먹고, 그게 좋아요. 먹는 것 가지고 까칠하면 안 좋아요."

그래서 그들에게 병이 생기는 것입니다.

성경을 몰라서 그렇습니다.

"구약은 이제 우리와 상관없지 않나요?"

그렇지 않습니다. 모든 성경이 우리와 상관있습니다.

"모든 성경은 하나님의 감동으로 된 것으로 교훈과 책망과 바르게 함과 의로 교육하기에 유익하니 이는 하나님의 사람으로 온전하게 하며 모든 선한 일을 행할 능력을 갖추게 하려 함이라."(딤후 3:16~17)

모든 선한 일을 행할 능력을 갖추려면 몸도 건강해야 합니다. 모든 성경은 '영마몸'(영, 마음, 몸)을 모두 소중하게 여기고 잘 관리하라고 말씀합니다. 당신의 몸을 존중하십시오. 몸은 하나님의 성전입니다. 예수님은 당신의 영혼을 위해서만 죽으신 것이 아닙니다. 성경은 말씀합니다.

"너희 몸은 너희가 하나님께로부터 받은바 너희 가운데 계신 성령의 전인 줄을 알지 못하느냐? 너희는 너희 자신의 것이 아니라 값으로 산 것이 되었으니 그런즉 너희 몸으로 하나님께 영광을 돌리라."(고전 6:19~20)

자세히 보십시오. "너희 마음은"이 아닙니다. "너희 영은"이 아닙니다. 분명히 "너희 몸은"이라고 했습니다.

우리 몸을 값으로 산 것이 되었다고 했습니다. 영과 마음도 중요하지만 이 구절에서는 "너희 몸으로 하나님께 영광을 돌리라"고 했습니다. 당신의 몸은 당신의 것이 아닙니다. 예수님의 보혈로 값 주고 산 억만 금보다 귀한 것입니다. 그 몸 안에 성령님이 임해 계십니다.

바울은 고린도 교회에 영혼만 아닌 몸의 부활이 반드시 있다고 했습니다. 그리스도 안에 있는 우리는 모두 예수님처럼 신령한 몸으로 부활할 것입니다. 죽은 후에 부활하는 것도 감사하지만 이 땅에서도 건강하게 살아야 합니다.

먹는 것에 절제하고 깨끗한 음식을 조금만 드십시오.

영혼의 건강을 위해서도 절제해야 합니다. 어떤 설교를 듣고 책을 읽고 모임에 가는지 살피고 절제해야 합니다.

율법주의 설교와 책, 모임은 멀리하십시오.

또한 혈육사 곧 혈통과 육정과 사람의 뜻을 따라 그들에게 잘 보이기 위해 살지 말고 오직 성령님의 인도하심을 따라 사십시오. 분주하게 돌아다니며 사람의 영광을 구하지 말고 오직 하나님의 영광을 구하십시오.

연락하기를 좋아하는 자가 되지 마십시오. 연락(宴樂)은 향락 곧 '잔치를 벌여 즐기는 것'을 말합니다.

그런 사람은 가난하여진다고 성경은 말씀합니다.

"연락을 좋아하는 자는 가난하게 되고 술과 기름을 좋아하는 자는 부하게 되지 못하느니라."(잠 21:17)

나는 20대에는 60킬로로 날씬했지만 군대 훈련소에서

한 달 만에 10킬로 불어 70킬로가 되었고 전역한 후부터 30대에 또 10킬로 불어 80킬로가 되었습니다.

목회 사역을 하면서부터는 연락을 좋아했습니다.

부흥회를 나가면 세 끼 모두 식당 음식이었고 독자들도 나를 찾아와 식사 대접을 했습니다. 이런저런 이유로 나는 날마다 사람들을 만나 식당에 가서 음식을 사 먹었습니다.

흰쌀밥에 짜고 맵고 단 음식을 많이 먹었고 빵도 아주 좋아했습니다. 그 결과 몸무게는 80킬로에 허리둘레가 38인치가 되었습니다. 100미터를 걸으면 90대 노인처럼 힘들어하며 공원 벤치에 앉아 한참을 쉬어야 했습니다.

하루는 먹자골목에서 중국산 고추를 넣은 아주 매운 라면을 한 그릇 사 먹고 나오는 길에 칼로 배를 도려내는 것 같은 아픔과 함께 윽 하며 주저앉았습니다.

'어, 이게 어떻게 된 거지?'

그런 내가 매주일 창세기부터 성경 강해를 하다가 깨달음을 얻었습니다. 하나님이 먹으라고 한 음식과 먹지 말라고 한 음식이 있었습니다. 모든 것을 창조하시고 가장 잘 아시는 하나님께서 그분의 백성들에게 "부정한 것은 먹지 말라"고 하셨습니다. 부정한 것은 '더러운 것, 가증한 것, 흉측한 것'을 말합니다. 하나님이 먹지 말라고 한 것을 왜 굳이 온갖 이유를 들어 합리화하며 먹습니까?

사람들은 다 깨끗하다고 말합니다. 하지만 창조주 하나님이 더럽다고 하시면 그것이 더러운 줄 알고 멀리해야 합니다. 정부에서도 국민들의 건강을 위해 "발암 물질이 든 것은 더러운 것이니 먹지 말라"고 경고하고 제재를 가합니다. 지금은 식품첨가물이 들어간 음식이 너무 많습니다. 회사에서 돈 벌려고 식물을 가공해서 식품으로 만들고 거기에 첨가물을 잔뜩 넣어 제품을 만듭니다. 그런 것을 사 먹으면 죽습니다. 이미 많은 사람들이 죽었습니다.

어떤 사람은 이렇게 말합니다.

"기도하고 먹으면 다 거룩한 것 아닌가요?"

아닙니다. 그것은 우상 제물에 대한 말씀이지, 결코 모든 식물에 대한 말씀이 아닙니다. 음식물 쓰레기통에 안수기도한다고 깨끗한 음식이 되는 것이 아닙니다.

예수님과 바울, 유대인들은 하나님이 먹지 말라고 한 것을 먹지 않았습니다. 무엇일까요? 돼지고기, 개고기, 박쥐, 장어, 오징어, 문어, 새우, 가재, 뱀 등입니다.

성경에서 먹으라고 한 깨끗한 식물을 먹으면 120세까지 건강하게 살 수 있습니다. 얼마 전에 한 사람이 성경을 무시하고 고집 부리다가 심장마비로 쓰러져 죽었습니다.

나는 누군가를 저주하거나 협박하는 것이 아닙니다.

하나님의 말씀대로 순종하며 살면 성경에 약속한 대로

건강과 장수를 누린다는 것을 말하고 싶은 것입니다.

성경 말씀대로 살면 120세까지 살 수 있는데, 왜 빨리 죽습니까? 많은 사람들이 2, 30대에 암에 걸려 죽습니다.

"죽고 사는 것은 하나님께 달려 있지 않나요?"

하지만 건강관리는 사람에게 달려 있습니다.

성령님께는 둔감한 사람들이 먹는 것에는 예민합니다.

"김열방 목사님, 그런 말 좀 그만 하세요. 아무거나 먹어도 안 죽어요. 텔레비전에서도 괜찮다고 했어요."

당뇨병에 걸린 목회자들도 많습니다. 당질류를 최대한 줄여야 합니다. 백설탕 넣은 음식, 정제한 밀가루 음식, 흰 쌀밥과 미국산 밀가루로 만든 빵과 면류 등은 즐겨 먹지 말아야 합니다. 정제한 설탕과 소금도 멀리 하십시오.

많은 사람에게 텔레비전이 신이 되었습니다.

텔레비전이 떠들면 다 괜찮은 줄 알고 비싼 돈 주고 마구 주문해서 먹습니다. 텔레비전과 거기에 나오는 사람들이 하나님입니까? 아닙니다. 상업용 광고일 뿐입니다.

텔레비전을 믿지 말고 성경 말씀을 믿으십시오.

하나님은 "너희가 텔레비전에서 나오는 드라마나 다큐, 홈쇼핑, 광고에서 나오는 달콤한 말을 따라 살라"고 하지 않았습니다. "하나님의 입에서 나오는 모든 말씀으로 살라"고 했습니다. 성경을 무시하지 마십시오. "내 백성이 지식이 없어 망한다"(호 4:6)고 했습니다.

제발 미련한 마음을 버리십시오. "미련한 자를 곡물과 함께 절구에 넣고 공이로 찧을지라도 그의 미련은 벗겨지지 아니하느니라"(잠 27:22)고 했습니다. 지금도 그런 사람들이 많습니다. 하나님이 "먹지 마라, 먹으면 반드시 죽는다"고 했는데 아담과 하와는 마귀에게 속아 하나님의 말씀을 무시하고 그 열매를 따 먹고 죽었습니다.

식물에 대해서도 마찬가지입니다. 제발 하나님이 먹지 말라고 한 것은 먹지 마십시오. 죽어도 먹어야겠다면 손톱만큼, 아니 손톱의 때만큼만 드십시오. 그것도 많습니다.

하나님이 아니라고 한 것은 냉장고에서 꺼내 다 버리십시오. 나쁜 식습관을 좋은 식습관으로 바꾸십시오.

깨끗한 것만 먹고 더러운 것은 버리십시오.

소식하고 반식하십시오.

## 정신이 맑은 시간에 기도하라

당신은 언제 기도합니까?

나는 가장 정신이 맑을 때 기도합니다.

내게 있어 기도하기 가장 좋은 시간은 새벽이나 늦은

밤이 아닌 낮 시간대입니다. 나는 오전 9시에서 오후 6시까지 기도합니다. 나는 목회자니까 그렇게 일정을 잡을 수 있습니다. 각자 다를 것입니다. 어떻게든 하루에 1시간~3시간 정도라도 뭉치 시간을 만들어 보십시오.

그리고 공휴일에는 '종일 기도'를 시도해 보십시오. 어디 갈까 고민하지 말고 교회에 가서 종일 기도하십시오.

옛날에는 기도하러 기도원에 많이 갔습니다.

나도 중고등부 시절에 '산상기도회'한다고 단체로 기도원에 가곤 했습니다. 가는데 2시간, 오는데 2시간이 걸렸고 오래 기도하지는 못했습니다. 각자 바위 위에 앉아 30분 정도 기도했습니다. 하나의 행사였습니다.

그때까지도 나는 성령의 나타남을 체험하지 못했습니다. 그러던 중 20세에 성령을 체험하고 그때부터 기도의 영에 사로 잡혀 많이 기도했습니다. 매일 골방에 들어가 문을 닫고 하루에 1시간~10시간씩 기도했습니다.

지금도 나는 그렇게 기도합니다. 오늘도 9시~6시까지 9시간 기도했습니다. 기도하는 것이 습관이 되었습니다.

바울은 "내가 내 몸을 쳐 복종하게 한다"(고전 9:27)고 말한 것처럼 나도 내 육신이 기도하는 것을 좋아하게끔 매일 쳐서 복종시켰습니다. 지금은 기도하는 시간이 그 어떤 시간보다 편하고 즐겁고 행복하고 좋습니다.

당신은 언제 얼마나 기도합니까?

하나님의 자녀는 무엇보다 기도에 힘써야 합니다.

다시 기도하는 시간을 챙기십시오. 5분, 10분이 아닌 한나절 또는 하루를 뚝 떼어 기도하십시오. 다른 어떤 스케줄보다 기도 스케줄을 더 크고 귀하게 여기십시오. 나는 스마트폰에 '스케줄 앱'이 있는데 그 앱에 매일 기도한 시간을 기록합니다. 다른 모든 스케줄은 둘째입니다.

나는 기도를 가장 중대하게 여기고 관리합니다.

예수님이 잡히기 전, 제자들은 기도하지 않았습니다.

"모든 사람이 다 주를 버릴지라도 나는 결코 버리지 않겠다"고 한 베드로는 너무 졸려서 눈을 뜰 수 없을 정도였습니다. 결국 그들은 모두 시험에 들었고 예수님을 배반하고 말았습니다. 예수님이 잡히시던 날 베드로는 예수님을 모른다고 세 번이나 부인했고 저주하며 맹세까지 했습니다. 요한은 벌거벗은 채로 도망갔습니다.

다른 제자들도 모두 도망갔습니다.

그런 베드로가 오순절에 성령이 임한 후로는 기도하는 습관을 만들었습니다. 성령님이 도우셨기 때문입니다.

사도행전 3장 1절에 보면 "오후 세 시의 기도 시간에 베드로와 요한이 성전에 올라갔다"고 했습니다. 왜 갔습니까? 기도 시간에 습관을 따라 기도하러 간 것입니다.

성령님은 기도하는 습관을 만들도록 도우십니다.

내가 지금까지 매일 몇 시간씩 기도하게 된 것도 성령님의 도우심으로 '기도 습관'을 만들었기 때문입니다.

성령님은 나를 끊임없이 기도의 자리로 인도하셨습니다. 나는 유명세를 따라 사람들을 만나러 다니지 않고 기도했습니다. 분주하고 바쁘게 생활하지 않고 혼자 조용히 기도했고 또 하나님께 부르짖으며 간절히 기도했습니다.

내 고향과 같이 편안한 장소는 기도의 골방입니다.

나는 기도의 골방에 들어갈 때 가슴이 설렙니다.

열두 사도는 모두 기도에 헌신한 사람이 되었습니다.

과부 접대에 빠졌던 사도들이 말했습니다. "우리는 오로지 기도하는 일과 말씀 사역에 힘쓰리라."(행 6:4)

## 종일 기도하는 일에 헌신하라

사도행전 6장 4절 말씀을 꼭 암송하기 바랍니다.

여기서 "사역에 힘쓰리라"는 말은 '업무에 헌신한다'는 의미입니다. 사역은 '국가나 기업에서 사람을 고용해서 종일 자기들이 원하는 일을 시키는 것'을 의미합니다.

당신이 주의 종이라면 하나님 나라에 고용된 일꾼입니

다. 그렇다면 그 일에 온전히 헌신해야 합니다.

하나님이 사도들에게 맡기신 것이 무엇입니까?

오로지 기도하는 일과 말씀 사역입니다.

사람들 앞에서 말씀 사역을 하기 전에 먼저 하나님 앞에서 기도 사역을 해야 합니다. 이때의 기도하는 일과 말씀 사역은 가볍게 취미 생활 정도로 하는 것이 아닙니다.

전문가의 수준을 말합니다. 그러려면 뭉치 시간을 투자해야 합니다. 당신은 기도 사역과 말씀 사역을 위해 얼마나 많은 시간을 투자합니까? 뭉치 시간을 내십시오.

어떤 사람은 이렇게 말할 것입니다.

"나는 언제나 기도합니다. 산책하면서도 기도하고, 설거지하고 청소할 때도 기도합니다. 기도는 내 영혼의 호흡입니다. 그러니 시간을 정해서 따로 골방에 들어가 문을 닫고 기도하라고 강요하지 마세요."

항상 기도한다고요? 잘하고 있습니다. 나도 그렇게 기도합니다. 하지만 그것만으로는 부족합니다. 뭉치 시간을 뚝 떼어 기도에 헌신해야 합니다. 사도들은 말했습니다.

"오로지 힘쓰리라."

오직 한 길만 전념하겠다는 것입니다. 대기업에 고용된 직원이 회사에 출근해서 회사에서 시킨 일에 종일 전념하는 것과 같습니다. 대기업 직원, 군인, 공무원들은 아침에 출근해서 퇴근하는 시간까지 오직 자기에게 맡겨진 일에만 전념합니다. 오로지 그 일에만 힘쓰는 것입니다. 그들은 다른 일에 마음을 두지 않습니다. 당신은 어떤가요?

### 기도하기 위해 정한 장소로 가라

한 세계적인 대기업에서 코로나19시기에 재택근무를 한정 기간 허락했습니다. 코로나가 끝날 무렵 사람들은 계속 재택근무를 하고 싶다고 강하게 말했습니다.

그 말을 들은 대표가 말했습니다.

"나는 재택 근무하는 사람을 필요로 하지 않는다. 그렇게 재택근무하고 싶으면 당장 사직서를 제출하고 집에서 쉬고 놀아라. 나는 그런 사람에게 월급을 주지 않겠다. 나는 당신들의 재능만 아니라 시간을 원한다. 시간을 내어 몸을 움직여 출근해야 마음이 회사에 있는 것이다."

그렇습니다. 국가나 대기업, 군대에서는 그들의 몸을 원합니다. 현장에 몸이 와 있어야 마음도 와 있는 것입니다. 공무원이 집에서 민원 업무를 보겠다, 대기업 직원이 안방에서 근무하겠다, 군인이 거실에서 나라를 지키겠다, 그런 것은 있을 수 없습니다. 시간을 내어 출근한 후에 종일 근무하고 퇴근 시간에 집에 가야 합니다. 그래야 회사가 정상으로 돌아가고 성장합니다.

기도도 이와 같습니다. 거실 소파에 앉아서 기도하겠다고 생각하지 말고 일어나 골방이든 교회든 기도하기 위한 장소로 움직여야 합니다. 예수님이 그렇게 하셨습니다.

"새벽 아직도 밝기 전에 예수께서 일어나 나가 한적한 곳으로 가서 거기서 기도하시더니."(막 1:35)

그리고 어떻게 되었습니까?

전도할 때 엄청난 권능이 나타났습니다.

"이에 온 갈릴리에 다니시며 그들의 여러 회당에서 전도하시고 또 귀신들을 내쫓으시더라."(막 1:39)

예수님이 오래 기도하셨을 때 성령의 기름 부음이 군중에게 강하게 나타났습니다. 병을 고치는 주의 능력이 예수님과 함께했던 것입니다. 기도하면 권능이 나타납니다. 누가복음 5장 16~17절에는 이 사실을 잘 묘사했습니다.

"예수는 물러가사 한적한 곳에서 기도하시니라. 하루는 가르치실 때에 갈릴리의 각 마을과 유대와 예루살렘에서 온 바리새인과 율법교사들이 앉았는데 병을 고치는 주의 능력이 예수와 함께 하더라."

당신도 예수님처럼 기도하십시오.

기도하면 권능이 나타날 것입니다.

## 아버지의 나라가 권능으로 임하소서

어떤 기도를 해야 할까요? 주기도문에 나옵니다.

이 기도는 예수님이 그렇게 기도하셨기 때문에 제자들에게도 그렇게 기도하라고 가르치신 내용입니다.

주기도문의 내용은 한 마디 뺄 것 없이 다 귀하지만, 여기에 특별한 기도 제목이 나옵니다. 무엇일까요?

"나라가 임하옵시며"입니다.

"예수께서 이르시되 너희는 기도할 때 이렇게 하라. 아버지여, 이름이 거룩히 여김을 받으시오며 나라가 임하시오며."(눅 11:2)

예수님이 이 기도를 많이 하셨다는 말입니다.

이 내용은 미래에 있을 예수님의 재림을 위한 기도가 아닙니다. 주기도문의 내용은 모두 현재의 필요를 위한 기도입니다. 주기도문의 한 문장마다 '지금'이란 단어를 넣어서 읽으면 이해가 잘 될 것입니다.

이 내용도 "너희가 사역하는 중에 하나님의 나라가 권능으로 임하도록 기도하라"는 말씀입니다.

나는 설교하고 찬양할 때, 안수할 때 하나님의 나라가 권능으로 임하는 것을 많이 경험합니다.

이것은 기도를 통해서만 가능한 것입니다. 성경에 하나

님의 나라가 권능으로 임하는 장면이 생생하게 나옵니다.

마가복음 9장에, 예수님이 말씀하셨습니다.

“내가 진실로 너희에게 이르노니 여기 서 있는 사람 중에는 죽기 전에 하나님의 나라가 권능으로 임하는 것을 볼 자들도 있느니라.”(막 9:1) 그리고 언제 임했습니까?

엿새 후에 하나님의 나라가 권능으로 임했습니다.

“엿새 후에, 예수께서 베드로와 야고보와 요한을 데리시고 따로 높은 산에 올라가셨더니 그들 앞에서 변형되사 그 옷이 광채가 나며 세상에서 빨래하는 자가 그렇게 희게 할 수 없을 만큼 매우 희어졌더라.”(막 9:2~3)

“마침 구름이 와서 그들을 덮으며.”(막 9:7)

그 후에 어떤 일이 생겼습니까? 말 못하는 귀신 들린 아들이 치유 받는 사건이 나옵니다. 예수님이 오래 기도하고 사역할 때 귀신이 쫓겨 나갔습니다. 제자들이 물었습니다.

“우리는 왜 능히 그 귀신을 쫓아내지 못했습니까?”

예수님께서 단호하게 말씀하셨습니다. “기도 외에 다른 것으로는 이런 종류가 나갈 수 없느니라.”(막 9:29)

기도하십시오. 더 많이 기도하십시오.

기도하면 하나님의 나라가 권능으로 임합니다. 하나님의 나라가 권능으로 임하면 귀신이 쫓겨 나갑니다.

귀신이 쫓겨 나가면 불치의 병이 치유됩니다.

## 기도 많이 하고 귀신을 쫓아내라

하루는 지방에서 한 장로님이 나를 찾아왔습니다.

그는 갑자기 공황 장애에 걸려 두렵고 불안하다고 했습니다. 밤이 되면 너무 무서워서 잠을 잘 수 없고 문득문득 자살하고 싶은 마음이 자꾸 든다고 했습니다. 어릴 때부터 교회를 다녔는데 왜 이런 일이 생겼는지 모르겠다고 했습니다. 나는 악한 영이 들어가서 그렇다고 했습니다.

"내가 모태 신앙에, 장로인데 그럴 수 있나요?"

"그럴 수 있습니다. 그런 공황 장애는 악한 영을 쫓아내면 하루 만에 해결되지만 그렇지 않으면 약으로 신경을 다스리며 평생을 짊어지고 가야 하는 중한 병입니다."

그분에게 안수하자 즉시 하나님의 나라가 권능으로 임했고 악한 영이 정체를 드러냈습니다. 예수 이름으로 강하게 꾸짖으니 그를 넘어뜨리며 쫓겨 나갔습니다. 그는 속에서 뭔가 쑥 떠나갔고 가슴이 시원해졌다고 했습니다.

몇 개월 후에 그분에게 다시 연락이 왔습니다.

내가 증세를 묻자 그분이 대답했습니다.

"김열방 목사님, 그 날 안수 받은 이후로 그런 증상이 완전히 없어졌습니다. 저는 깨끗이 나았습니다."

공황 장애가 치유 받은 경우는 많습니다.

우울증도 악한 영이 틈타서 생기는 병입니다.

살다 보면 여러 가지 힘든 일을 겪으면서 우울한 감정이 수시로 생길 수는 있지만 그것과 우울증은 다릅니다.

우울증은 '죽고 싶다'는 마음이 강하게 일어납니다.

'이대로 살면 뭐해. 어떻게든 자살해야지.'

죽음의 영이 들어간 것입니다. 기도를 많이 하고 예수 이름으로 명령하여 악한 영을 쫓아내야 합니다.

귀신을 쫓아내는 치유 사역에 대해 예수님이 "자녀의 떡을 취해서 개들에게 주는 것이 마땅치 않다"고 했습니다. 그런데도 그 여인의 믿음을 보시고 딸의 병을 치유해 주셨습니다. 축사 곧 귀신을 쫓아내고 치유하는 것은 자녀의 떡입니다. 자녀의 떡을 취해서 개들에게 준다면 하물며 자녀에게는 더욱 그 떡이 필요하지 않겠습니까? 예수님은 "자녀로 먼저 배불리 먹게 한다"고 하셨습니다. 모든 하나님의 자녀에게 먼저 축사의 은혜가 필요합니다.

예수님은 마귀에게 눌린 자와 귀신에게 포로된 자와 마음과 몸에 상처 받은 자를 치유하기 위해 오셨습니다.

당신도 이런 치유의 기적이 필요하지 않습니까?

"이에 더러운 귀신 들린 어린 딸을 둔 한 여자가 예수의 소문을 듣고 곧 와서 그 발 아래에 엎드리니 그 여자는 헬라인이요 수로보니게 족속이라. 자기 딸에게서 귀신 쫓아내 주시기를 간구하거늘 예수께서 이르시되 '자녀로 먼저 배불리 먹게 할지니 자녀의 떡을 취하여 개들에게 던짐이 마땅치 아니하니라' 여자가 대답하여 이르되 '주여, 옳소이다마는 상 아래 개들도 아이들이 먹던 부스러기를 먹나이다' 예수께서 이르시되 '이 말을 하였으니 돌아가라, 귀신이 네 딸에게서 나갔느니라' 하시매 여자가 집에 돌아가 본즉 아이가 침상에 누웠고 귀신이 나갔더라."(막:25~30)

당신의 사역에도 이런 능력이 나타나게 해 달라고 간구하십시오. 나는 매일 무릎 꿇고 이렇게 간구합니다.

"아버지의 나라가 권능으로 임하소서. 권능으로, 권능으로 임하소서. 더 많은 권능을 나타내소서."

## 당신도 종일 기도에 헌신하라

예수님이 하나님의 나라가 권능으로 임해 달라고 기도하실 때 지나가는 듯이 잠깐 기도한 것이 아니었습니다.

"새벽 아직도 밝기 전에 예수께서 일어나 나가 한적한 곳에 가사 거기서 기도하시더니."(막 1:35)

이 말씀은 마음에 굳게 결단하고 행동하신 장면입니다.

기도는 자다가 일어나면 저절로 되는 것이 아닙니다.

그 전날부터 기도하겠다고 마음에 뜻을 정해야 합니다.

나는 매일 뜻을 정하지는 않습니다. 한 번 뜻을 정한 다음 습관을 만들고 그 습관을 따라 행동하기 때문입니다.

"나는 매일 9시~6시까지 종일 기도를 한다."

이것이 기본으로 정해진 내 기도 습관입니다.

기도는 습관을 따라 해야 합니다. 예수님이 그랬고 베드로와 바울도 그랬습니다. 바울은 선교지에서 "기도처를 찾았다"고 했습니다. 그는 선교할 때 가장 먼저 기도처를 찾아 그곳에서 오래 기도했습니다. 그러자 하나님의 나라가 권능으로 임했고 그 결과 점치는 귀신 들린 여종이 치유 받았습니다. 이 일로 인해 고소를 당해 감옥에 들어갔지만 거기서도 기도하고 찬송했습니다.

찬송하는 것도 중요하지만 먼저 기도하고 찬송해야 합니다. 그러자 옥터가 흔들리고 옥문이 다 열렸습니다.

"한밤중에 바울과 실라가 기도하고 하나님을 찬송하매 죄수들이 듣더라. 이에 갑자기 큰 지진이 나서 옥터가 움직이고 문이 곧 다 열리며 모든 사람의 매인 것이 다 벗어진지라."(행 16:25~26)

오늘날 찬양사역자 중에 기도하지 않고 찬양하는 사람이 많습니다. 거기에는 하나님의 나라가 권능으로 임하지 않습니다. 하나님의 나라가 권능으로 임하지 않으면 어떻게 될까요? 사역자들이 그 빈자리를 채우기 위해 온갖 인간적이 쇼를 해야 합니다. 비참하고 불쌍한 모습니다.

그런 성령님의 임재와 기름 부으심이 없는 모임에 많은 청년들이 서서 두 손 들고 찬양합니다. 그 집회가 끝나고 나면 더 심한 갈증과 육체의 욕구를 느낍니다.

나는 한 교회의 찬양 집회에 참석한 적이 있습니다.

사역자는 찬양하는 내내 자신이 그동안 겪은 여러 가지 고생한 것을 이야기했습니다. 그 이야기를 들은 사람들은 함께 웃고 울었습니다. 하지만 나는 생각했습니다.

'여기엔 기름 부음이 없어. 저분은 기도하지 않는 분이야. 하나님의 나라는 말에 있지 않고 능력에 있어.'

집회가 끝나고 담임 목사님에게 말했습니다.

"오늘 찬양 인도하신 분이 아주 유명한 분이라고 들었는데, 집회에는 기름 부음이 없었습니다. 그분은 작사 작곡하는 머리에만 기름 부음이 있고 찬양하는 목소리와 가슴, 움직이는 손과 발에는 기름 부음이 없습니다. 모두 인간적인 쇼였습니다. 너무 안쓰러워 보였습니다."

그 말을 들은 목사님은 기분이 안 좋았습니다. 그래도 할 수 없습니다. 그분은 그걸 알아야 하고 다음부터는 그런 사역자를 교회에 초청해서 세우지 말아야 합니다. 내가 다른 사역자를 공격하고 정죄하기 위해 이 말을 하는 것이 아닙니다. 나도 그런 날들이 많았습니다.

그래서 나는 기도하고 또 기도합니다. 내가 찬양을 인도하는데 기름 부음이 없으면 즉시 멈춥니다. 그리고 설교합니다. 설교할 때 강한 기름 부음이 나타납니다.

그렇게 설교하다가 기름 부음이 사라지면 즉시 설교를 멈춥니다. 그리고 안수합니다. 안수할 때 강한 기름 부음이 나타납니다. 귀신이 쫓겨 나가고 병이 낫습니다. 사람들에게 성령이 임하고 방언이 터지고 예언을 말합니다.

우리는 모두 기름 부음을 따라 사역해야 합니다. 이를 위해 미리 많은 기도로 준비해야 합니다. 당신도 군중에게 나서서 사역하기 전에 먼저 골방에 들어가 몇 시간 기도하기 바랍니다. 3시간, 5시간, 7시간, 계속 기도하십시오.

무엇을 간구해야 할까요? 바로 이것입니다.

"오늘 모임에 아버지의 나라가 권능으로 임하소서."

## 9시간 연속으로 종일 기도하라

기도에는 여러 종류가 있습니다.

정시 기도, 무시 기도, 합심 기도, 명령 기도, 영의 기도, 금식 기도, 철야 기도, 침묵 기도, 종일 기도 등입니다.

그 중에서 종일 기도에 대해 모르는 분이 많습니다.

종일 기도는 '9시~6시까지 기도하는 것'을 말합니다.

"종일"이란 말은 '아침부터 저녁까지의 시간 내내'를 의미하며 아침에 눈 뜰 때부터 밤에 잠잘 때까지를 말합니다. 때로는 그렇게 기도하는 것도 필요합니다. "한나절"은 '하루 낮의 전체'를 말하며 "반나절"은 '한나절의 반'으로 오전이나 오후를 말합니다. 일반적으로 직장에서 "종일 근무한다"고 할 때 '아침 9시~오후 6시까지'를 말합니다.

8시~5시, 9시~6시, 10시~7시 등 회사마다 조금씩 다르겠지만 어쨌든 직원은 하루 종일 거기에 몸을 두고 회사에서 시킨 일에 전념합니다. 그들은 '종일 근무'합니다.

주의 종들도 이처럼 '종일 기도'하는 것이 필요합니다.

나는 아침 9시~오후 6시까지 9시간 동안 연속으로 기도하는 것을 '종일 기도'라고 일컫습니다. 만약 사역자들이 9시~6시까지 종일 기도한다면 어떤 일이 생길까요?

삶과 사역의 현장에 엄청난 권능이 나타날 것입니다.

오늘날 초대 교회 제자들이 경험했던 성령의 능력은 다 어디에 있습니까? 기도하지 않기 때문에 육체 속에서 잠자고 있습니다. 성령님은 모든 권능을 가지고 오셨지만 무릎 꿇고 기도하지 않으면 하나도 나타나지 않습니다.

많은 사람들이 기도 부재의 심각성을 못 느낍니다.

"기도 안 하는 것이 그렇게 심각한 문제인가요? 요즘 누가 그렇게 기도합니까? 목회자와 성도들이 그렇게 기도 많이 하지 않아도 교회 프로그램 80퍼센트가 돌아가요."

그것은 축복이 아닌 저주입니다. 하나님의 나라는 말에 있지 않고 능력에 있기 때문에 모든 교회는 기도를 많이 해서 능력이 나타나야 합니다. "하나님의 나라는 말에 있지 아니하고 오직 능력에 있음이라."(고전 4:20)

초대 교회는 무엇을 했습니까? 기도했습니다.

그것도 "오로지 기도에 힘썼다"고 했습니다. "여자들과 예수의 어머니 마리아와 예수의 아우들과 더불어 마음을 같이하여 오로지 기도에 힘쓰더라."(행 1:14)

성령이 임하기 전이든 성령이 임하고 나서든 모든 교회는 모여서 합심으로 기도해야 합니다. 기도할 때 성령이 임하고, 기도할 때 하늘의 권능이 나타나기 때문입니다.

주의 종들이 기도에 힘쓰지 않으면 다른 사역에 빠지게 됩니다. 나는 지금 축복기도나 감사기도 등 일상에서 입을 열어 몇 마디 짧게 기도하는 것을 말하는 것이 아닙니다.

기도를 사역 곧 업무로 여기며 오로지 기도에 힘써야 한다는 말입니다. "오로지"는 '업무 시간 내내'를 의미합니다. 사도들이 결심한 말을 다시 또박또박 읽어보십시오.

비장한 결심입니다. "우리는 오로지 기도하는 일과 말

씀 사역에 힘쓰리라."(행 6:4)

## 성령이 오신 목적은 접대가 아니다

당신은 어떤 사역을 가장 중대하게 여깁니까?

기도보다 더 중대한 사역은 없습니다. 모든 사역은 기도로 시작해야 합니다. 그것도 뭉치 시간을 드려 오래 기도해야 합니다. 1시간, 2시간, 3시간, 5시간, 7시간, 9시간, 12시간, 밤낮 기도에 푹 빠지십시오.

당신의 삶과 사역에 하나님의 나라가 권능으로 임해 달라고 매일 간절히 기도하십시오. 그러면 그림자만 지나가도 병이 낫고 손수건만 던져도 악귀가 떠날 것입니다. 사람들이 당신의 옷자락에만 손을 대도 병이 사라질 것입니다. 이런 것은 기도를 통해서만 가능합니다.

마귀는 하나님의 종들이 기도만 빼고 다 하게 만듭니다. 사도들은 교회가 폭발적으로 성장하고 믿는 자의 무리가 많아지자 다른 업무에 빠져들었습니다. 과부를 접대하는 일이었습니다. "오직 성령이 임하시면 너희가 권능을 받고, 내 증인이 되리라"고 한 말씀처럼 성령이 임한 목적은 '접대'가 아닌 '예수의 증인'이 되는 것이었습니다.

그들이 성령이 임한 목적과 전혀 다른 사역에 빠지자 교회 안에 큰 원망과 혼란이 생겼습니다. "그 때에 제자가 더 많아졌는데 헬라파 유대인들이 자기의 과부들이 매일의 구제에 빠지므로 히브리파 사람을 원망하니."(행 6:1)

그때 심각성을 느낀 열두 사도가 모든 제자를 불러 놓고 자신들이 뜻을 정했다고 말했습니다. "열두 사도가 모든 제자를 불러 이르되 우리가 하나님의 말씀을 제쳐 놓고 접대를 일삼는 것이 마땅하지 아니하니……."(행 6:2)

오늘날 많은 교회들이 미혹의 영인 마귀에게 속아 성령이 임한 사람이 해야 할 마땅한 것과 마땅하지 아니한 것을 구별하지 못하고 있습니다. 그래서 다른 잡무를 일삼고 있습니다. "일삼다"는 말은 '일로 삼는다'는 뜻입니다.

당신은 성령을 받은 후에, 신학교를 졸업하고 목회자가 된 후에, 교회를 개척하거나 부임한 후에, 선교지에 나가서 사역하기 시작한 후에, 도대체 어떤 것을 일로 삼고 있습니까? 과연 그것이 마땅한 일입니까? 성령이 임한 목적과 다르다면 "우리가 이것을 일로 삼는 것이 마땅하지 않다"라고 말할 수 있어야 합니다. 마땅치 않은 일을 하는데 칭찬하고 박수치면 안 됩니다. 그것이 좋은 일이라며 주위에 퍼뜨려도 안 됩니다. 하나님이 매우 싫어하십니다.

당신이 하고 있는 프로그램들을 하지 말라는 말이 아닙

니다. 그것을 주된 일로 삼지 말아야 한다는 것입니다.

신학교에서는 학생들에게 "너희들의 주된 일은 공부다"라고 말합니다. 요즘은 생계 문제로 목회자 부부가 택배 기사, 대리 운전, 카페 운영 등을 합니다. 각종 사업과 단체를 설립하고 운영하기도 합니다. 그런 것을 하지 말라는 말이 아닙니다. 하십시오. 성경에도 아브라함은 목축업을 했고, 이삭은 농사를 지었고, 야곱은 직장을 20년간 다녔고 요셉과 다니엘은 정치를 했습니다. 하지만 그들은 모두 기도와 말씀을 주된 일로 삼고 헌신한 종들이었습니다.

나도 저술과 출판 사업을 하고 있지만 그 무엇보다 기도와 말씀을 주된 일로 삼고 종일 헌신하고 있습니다. 나의 하루 일과 중에 가장 큰 비중은 기도와 말씀입니다.

우리는 무엇을 주된 일로 삼아야 합니까? 기도하는 일과 말씀 사역입니다. 여기서 일과 사역이 같은 의미인데, 다른 단어로 표현했습니다. 강조하기 위해서입니다.

주의 종들에게 있어 사역은 일이고 일은 사역입니다.

사도들은 자신에게 마땅치 않은 일을 집사들에게 넘겼습니다. "형제들아, 너희 가운데서 성령과 지혜가 충만하여 칭찬 받는 사람 일곱을 뽑으라. 그러면 우리가 이 일을 그들에게 맡기고, 우리는 다른 일에 헌신하겠다."(행 6:3)

과연 그것이 합당한 처사였습니까? 아닙니다.

사도든 집사든 그들에게 성령이 임한 목적은 한 가지입니다. "오직 성령이 임하시면 권능을 받고, 내 증인이 되리라"(행 1:8)였습니다. 다른 목적은 1도 없습니다.

교회 안에서 어떤 일을 시작할 때 주의해야 합니다. 일단 한 번 시작하면 쉽게 멈출 수 없기 때문입니다. 그 일을 해도 원망을 듣지만 멈추면 더 큰 원망을 듣기 때문에 멈출 수 없는 경우가 많습니다. 그래서 다른 사람에게 떠넘기게 되는데, 이것 또한 하나님의 의를 이루지 못합니다.

그러므로 우리는 어떤 일을 시작할 때 교회의 주인이신 성령님께 반드시 여쭈어야 합니다. 자신이 주인 행세하면서 이것도 시도해 보고 저것도 시도해 보고 하다가 주님께 책망을 듣고 사역에서 버림받을 수 있습니다.

## 너는 내게 한 번도 묻지 않았다

한 목사님이 40년간의 목회 사역을 잘 마친 후에 은퇴하고 기도원에 며칠 쉬러 갔습니다. 혼자 조용히 앉아서 기도하는 중에 마음에 이런 음성이 들렸습니다.

'너는 목회하면서 수십 년 동안 네 머리에서 고안해 낸 많은 일들을 했고 또 네 수준에서 성경을 해석해서 설교했

다. 나는 네게 그런 것을 지시하지 않았다.'

그는 깜짝 놀라며 물었습니다.

'그러면 왜 저에게 그 사실을 지금 말씀하십니까? 미리 말씀하셨더라면 회개하고 고칠 수 있었을 텐데요. 자그마치 40년이나 지났습니다. 너무 아쉽습니다.'

'너는 내게 한 번도 묻지 않았다. 나는 자신이 주인 행세하면서 사역하는 내내 한 번도 내게 묻지 않는 자에게 말하지 않는다. 지금도 묻지 않는 자들이 많다.'

그는 크게 흐느껴 울며 회개했습니다.

그리고 용기를 내어 물었습니다.

'주님, 남은 인생을 어떻게 사역하면 좋겠습니까?'

주님께서 말씀하셨습니다.

'너는 오늘부터 만나는 모든 주의 종들과 양들에게 나를 사랑하라고 가르치라. 모든 주의 종들이 나를 사랑해야 하며, 모든 양들도 나를 사랑해야 한다. 나는 주의 종들에게 '네가 내 양을 사랑하느냐?'라고 물은 적이 없다. '네가 나를 사랑하느냐?'라고 물었다. 나는 양들에게 '너희가 내 목자를 사랑하느냐?'라고 물은 적이 없다. '너희가 나를 사랑하느냐?'라고 물었다. 그런데 그들 중에 많은 사람들이 나보다 양과 목자끼리 서로 사랑했고 또 모일 때 하나님의 영광을 구하지 않고 사람의 영광을 구했다. 그들은 차지도 덥지도 않은 미지근한 마음을 갖고 교회 안에서 종교 생활만 했다. 그들에게 나의 뜻을 전하라. 그들이 나 예수를 사랑해야 한다고 가르치고 책을 써내라.'

그는 남은 생애 동안 설교와 저술 사역을 통해 예수님의 마음을 전하는 귀한 종이 되었습니다.

당신은 어떻습니까? 주님께서 말씀하십니다.

"네가 어디서 떨어졌는지 생각하고 회개하라. 처음 사랑을 회복하라. 처음 행위를 가지라."

사도들은 하나님 앞에서 뜻을 정하고 기도하기로 굳게 결심했습니다. "우리는 오로지 기도하는 일과 말씀 사역에 힘쓰리라."(행 6:4) 그때 교회의 반응이 어땠습니까?

"온 무리가 이 말을 기뻐하여……."(행 6:5)

하지만 이것은 하나님의 온전한 뜻이 아니었습니다.

하나님의 뜻은 무엇일까요? 성령님을 보내신 오직 한 가지 목적에 있습니다. "오직 성령이 너희에게 임하시면 너희가 권능을 받고 예루살렘과 온 유대와 사마리아와 땅 끝까지 이르러 내 증인이 되리라 하시니라."(행 1:8)

우리는 성령이 임한 목적과 다른 일을 하면 안 됩니다.

지금 성령님이 마음에 어떤 생각을 하시는지 살펴야 합니다. 우리는 모든 때에 모든 방법으로 모든 사람에게 오직 복음을 전해야 합니다. 그것도 인간의 지혜가 아닌 오직 성령의 나타남과 능력으로 전해야 합니다.

과부를 돌보는 일은 필요합니다. 그 일을 어떻게 해야 할까요? 바울은 각 사람이 과부를 도와주고 교회가 짐 지지 않게 하라고 했습니다. "만일 믿는 여자에게 과부 친척이 있거든 자기가 도와주고 교회가 짐 지지 않게 하라. 이는 참 과부를 도와주게 하려 함이라."(딤전 5:16)

그런데 사도들은 과부를 접대하는 일에 어떤 사람들을 세웠습니까? 믿음과 성령이 충만한 사람 일곱 명을 뽑아 세웠습니다. "믿음과 성령이 충만한 사람 스데반과 또 빌립과 브로고로와 니가노르와 디몬과 바메나와 유대교에 입교했던 안디옥 사람 니골라를 택하여 사도들 앞에 세우니 사도들이 기도하고 그들에게 안수하니라."(행 6:5~6)

그들에게 안수까지 했습니다. 여러 교단에서 이것이 오늘날 '안수 집사'의 발단이라고 말합니다. 하지만 그 일곱 집사들이 그 일을 계속 했다는 내용이 없습니다.

그 다음에 어떤 구절이 나옵니까?

"하나님의 말씀이 점점 왕성하여 예루살렘에 있는 제자의 수가 더 심히 많아지고 허다한 제사장의 무리도 이 도에 복종하니라."(행 6:7)

일단 사도들이 '접대하는 일'에서 벗어나 기도와 말씀 사역에 온전히 힘쓸 수 있었던 것입니다. 그 결과로 많은 영혼이 주님께로 돌아왔습니다.

그런데 그 다음 구절을 보십시오.

"스데반이 충성된 마음으로 온전히 접대하는 일에 힘썼다"고 나오지 않습니다. 스데반이 무슨 일을 했습니까? "스데반이 은혜와 권능이 충만하여 큰 기사와 표적을 민간에 행했다"(행 6:8)고 했습니다. 사실상 스데반도 똑같은 결심을 했던 것입니다. 무엇일까요? "우리는 오로지 기도하는 일과 말씀 사역에 힘쓰리라"(행 6:4)였습니다.

어떤 사람이 은혜와 권능이 충만하고 큰 기사와 표적을 민간에 행했다는 것은 기도에 헌신하지 않은 자에게서 나타날 수 있는 현상이 아닙니다. 스데반이 과부를 접대하는 일만 했더라면 결코 큰 박해를 받지 않았을 것이며, 돌에 맞아 피 흘리며 순교하지도 않았을 것입니다.

사도행전 7장에 스데반이 대제사장 앞에서 설교한 내용을 보십시오. 성경 전체를 꿰뚫는 놀라운 내용이었습니다.

그는 아브라함 이야기부터 시작해서 요셉과 모세, 다윗을 거치며 예수 그리스도 복음을 정확하게 전했습니다. 그는 기도를 통해 은혜와 권능이 충만했고 또 말씀 사역에 강한 기름 부음을 받은 귀한 종이었습니다.

스데반이 죽을 때 사울이 그 충격적인 장면을 눈여겨 지켜보았습니다. 하지만 사울은 아직 회심하기 전이어서 그가 죽임 당함을 마땅히 여겼습니다.

그리고 큰 전환점이 되는 구절이 나옵니다. "그 날에 예루살렘에 있는 교회에 큰 박해가 있어 사도 외에는 다 유대와 사마리아 모든 땅으로 흩어지니라."(행 8:1)

교회의 주된 업무는 '접대하는 일'이 아닙니다. 무엇입니까? 유대와 사마리아 모든 땅으로 흩어져 예수의 증인이 되는 것입니다. 그 일이 급속도로 진행되고 있었습니다. 이 모든 일이 성령님의 인도하심이었습니다.

흩어진 사람들이 무엇을 했습니까? 복음을 전했습니다.

"그 흩어진 사람들이 두루 다니며 복음의 말씀을 전할새."(행 8:4) 그들 중에 누가 있었습니까? 빌립 집사입니다. 빌립은 무엇을 했습니까? 접대하는 일이 아닌 '기도하는 일과 말씀 사역'이었습니다. 그때 표적과 큰 능력이 나타났고 많은 사람들이 치유 받았습니다. 빌립은 오직 성령이 임한 목적을 따라 일했던 것입니다. "빌립이 사마리아 성에 내려가 그리스도를 백성에게 전파하니 무리가 빌립의 말도 듣고 행하는 표적도 보고 한마음으로 그가 하는 말을 따르더라. 많은 사람에게 붙었던 더러운 귀신들이 크게 소리를 지르며 나가고 또 많은 중풍병자와 못 걷는 사람이 나으니 그 성에 큰 기쁨이 있더라."(행 8:5~8)

우리는 무엇을 해야 할지 분명히 깨달아야 합니다.

오로지 기도하는 일과 말씀 사역을 회복해야 합니다.

이것은 접대하는 일보다 억만 배나 크고 막중한 일입니다. 하나님은 이 일을 위해 우리를 부르셨고 성령과 능력을 부어 주셨습니다. 다른 어떤 일도 아닙니다. 우리는 이 일에 헌신해야 합니다. 당신도 기도에 헌신하십시오.

## 기도 운동이 일어나고 있다

지금 전 세계적으로 기도 운동이 일어나고 있습니다.

어떤 사람은 하루에 5분, 10분을 기도하지만 또 어떤 사람은 하루에 5시간, 10시간을 기도합니다. 어떤 사람에게 하나님의 권능이 나타나겠습니까? 하나님은 기도 안 하는 백인보다 기도하는 흑인을 쓰십니다. 기도 안 하는 신학 교수보다 기도하는 신학생을 쓰십니다. 기도 안 하는 노인보다 기도하는 아이를 쓰십니다. 오해하지 마십시오.

그렇다고 기도를 통해 하나님의 성령을 조금이라도 더 많이 얻을 수 있다는 말은 아닙니다. 성령은 하나님이십니다. 사람이 어떤 값을 지불한다고 살 수 있는 물건과는 완전히 다릅니다. 성령님은 인격체이시고 온 우주에 있는 은과 금을 다 주고도 성령의 기름을 한 방울도 더 살 수 없습니다. 사도행전 8장 18~20을 보십시오.

"시몬이 사도들의 안수로 성령 받는 것을 보고 돈을 드려 이르되 이 권능을 내게도 주어 누구든지 내가 안수하는 사람은 성령을 받게 하여 주소서 하니 베드로가 이르되 네가 하나님의 선물을 돈 주고 살 줄로 생각하였으니 네 은과 네가 함께 망할지어다."

지구에 있는 82억 인구의 피와 땀과 눈물을 다 가져와도 성령을 한 방울이라도 더 살 수 있는 것이 아닙니다.

성령은 선물입니다. 예수님은 "나를 믿는 자는 성경에 이름과 같이 그 배에서 생수의 강이 흘러나오리라"(요 7:37)고 하셨습니다. "이는 그를 믿는 자들이 받을 성령을 가리켜 말씀하신 것이다"(요 7:38)라고 했습니다.

한 방울도 아니고 생수의 강 같이 흘러나오는 엄청난 성령을 도대체 누가 받는다고 했습니까? 억만 금을 가져온 사람이 아닙니다. 자신의 모든 피와 땀과 눈물을 쏟으며 스스로 값을 지불하겠다는 사람이 아닙니다.

"그를 믿는 자들이 받을 성령"이라고 했습니다.

그렇습니다. 오직 믿음으로 성령을 받습니다.

성령은 선물인데, 그것을 아버지께 받아서 주시는 예수님이 값을 다 지불하셨습니다. "하나님이 오른손으로 예수를 높이시매 그가 약속하신 성령을 아버지께 받아서 너희

가 보고 듣는 이것을 부어 주셨느니라."(행 2:33)

선물은 받는 사람 입장에서는 공짜이지만 주는 사람 입장에서는 공짜가 아닙니다. 주는 사람이 그것을 마련하기 위해 값을 지불해야 합니다. 하나님이 독생자 예수 그리스도를 십자가에 매달아 피와 땀과 눈물을 쏟으면서 "내가 목마르다"(요 19:28)라고 하며 생수의 강을 주기 위한 값을 다 지불하셨습니다. 그분이 외치셨습니다.

"다 이루었다."(요 19:30)

그러면 왜 기도해야 할까요? 기도할 때 육신이 죽고 성령의 나타남이 있기 때문입니다. 이것은 성령을 더 많이 받는 문제가 아닌 성령이 더 많이 나타나는 문제입니다.

사람이 회개하고 예수를 구주로 믿는 순간, 성령이 모든 권능과 지혜를 가지고 그 사람 안에 생수의 강 같이 가득히 임하십니다. 하지만 성령님은 사람의 육신에 제한을 받기 때문에 마음껏 역사하실 수 없습니다. 예수님과 바울도 그랬습니다. 그래서 기도를 통해 육신을 죽이는 작업을 매일 해야 했던 것입니다. 사도 바울은 말했습니다.

"나는 날마다 죽노라."(고전 15:31)

육신을 죽이는 작업을 하는 방법은 수만 가지가 있는 것이 아닙니다. 어떤 거짓 교사는 몽둥이로 자루 안에 넣은 교인을 때리며, 이렇게 육신을 죽여야 한다고 가르친다고 합니다. 얼굴에 침을 뱉고 배설물을 몸에 뿌리면서 이렇게 육신을 죽여야 한다고 가르치는데, 큰 잘못입니다.

그렇지 않습니다. 예수님은 자신의 육신을 죽이기 위해 그렇게 하지 않았습니다. 그분이 무엇을 하셨습니까?

오직 기도와 금식을 하셨습니다.

기도하고 금식하십시오.

종일 기도. 제 2 부 - 김열방

# 기도로 모든 문제를 양도하라

당신은 기도할 때 성령님께 양도합니까?

나는 날마다 양도합니다. 내 몸과 마음, 가정과 교회, 사역과 사업을 양도합니다. 부모와 자녀도 양도합니다.

양도하지 않으면 내가 주인 행세하게 되고 종일 불안과 두려움, 염려와 근심에 사로잡혀 비참하게 살게 됩니다.

성령님께 모든 문제를 양도하면 안 될 것 같지만 다 잘 됩니다. 그분이 초자연적인 능력으로 이루십니다. "네 길을 여호와께 맡기라. 그를 의지하면 그가 이루시고 네 의를 빛 같이 나타내시며 네 공의를 정오의 빛 같이 하시리

로다. 여호와 앞에 잠잠하고 참고 기다리라."(시 37:5~7)

## 예수님은 자기를 비우셨다

예수님은 자기를 다 비우셨습니다.

그분은 근본 하나님과 본체이셨지만 자기를 비우고 인간의 몸으로 이 땅에 오셨습니다. 그리고 그분이 요단강에서 세례를 받으실 때 성령이 비둘기처럼 내려오셨습니다.

그때 아버지의 음성이 들렸습니다.

"이는 내 사랑하는 아들이요 내 기뻐하는 자다."

예수님이 아직 사역을 시작하지도 않았는데, 하나님은 "이는 내 마음에 쏙 드는 나의 아들이다. 내가 이 사람을 좋아한다"고 말씀하셨던 것입니다. 이때 아무것도 하지 않았지만 예수님은 성령의 충만함을 입었다고 했습니다.

성령을 받는 것도, 성령의 충만함을 입는 것도 행위가 아닌 오직 믿음으로입니다. "예수께서 성령의 충만함을 입어 요단강에서 돌아오셨다"(눅 4:1)고 했는데 아직 40일 금식을 하루도 하지 않은 상태였습니다.

당신도 그렇습니다. 예수를 구주로 믿는 순간, 성령이 임하며 당신이 아무것도 하지 않아도 하나님은 당신을 기뻐하시고 좋아하시고 마음에 쏙 들어 하십니다.

예수님은 하나님을 기쁘시게 하고 그분의 마음에 들려고 어떤 일을 하신 분이 아닙니다. 그분은 오직 기도를 통해 자기를 비우고 성령님의 인도를 받으며 사셨습니다.

"광야에서 사십 일 동안 성령에게 이끌리시며."(눅 4:1)

이 구절은 마태복음에서 이렇게 기록하고 있습니다.

"그 때에 예수께서 성령에게 이끌리어 마귀에게 시험을 받으러 광야로 가사."(마 4:1)

예수님은 오직 성령에게 이끌리어 모든 사역을 하셨습니다. 우리도 당연히 그렇게 해야 합니다.

성령님이 지금도 당신을 이끌고 계심을 믿으십시오.

성령님의 이끌림을 받으려면 어떻게 해야 할까요?

성령님을 인격적으로 존중해야 합니다. 당신이 주인 행세하지 말고 성령님을 주인님으로 모셔야 합니다. 그리고 모든 것을 그분께 양도하고 완전히 항복해야 합니다.

## 성령님께 모든 것을 양도하라

우리는 성령님께 무엇을 양도해야 할까요?

사도행전 2장 25~29절에 보면, 하나님의 마음에 합한 자라 불렸던 다윗은 자신의 삶 전부를 성령님께 양도했습니다. 다윗은 구체적으로 무엇을 양도했을까요?

첫째, 다윗은 자신의 삶을 양도했습니다.

"다윗이 그를 가리켜 이르되 내가 항상 내 앞에 계신 주를 뵈었음이여 나로 요동하지 않게 하기 위하여 그가 내 우편에 계시도다."(행 2:25)

둘째, 다윗은 자신의 마음과 육체를 양도했습니다,

"그러므로 내 마음이 기뻐하였고 내 혀도 즐거워하였으며 육체도 희망에 거하리니."(행 2:26)

셋째, 다윗은 자신의 영혼을 양도했습니다.

"이는 내 영혼을 음부에 버리지 아니하시며 주의 거룩한 자로 썩음을 당하지 않게 하실 것임이로다."(행 2:27)

넷째, 다윗은 자신의 모든 길을 양도했습니다.

"주께서 생명의 길을 내게 보이셨으니 주 앞에서 내게 기쁨이 충만하게 하시리로다 하였으므로."(행 2:28)

다섯째, 다윗은 자신의 후손을 양도했습니다.

"형제들아, 내가 조상 다윗에 대하여 담대히 말할 수 있노니 다윗이 죽어 장사되어 그 묘가 오늘까지 우리 중에 있도다."(행 2:29)

나도 다윗처럼 모든 것을 양도했습니다. 그리고 매일 양도합니다. 바울은 "내가 그리스도와 함께 십자가에 못

박혀 죽었다"고 했습니다. 그리고 그는 "나는 이미 죽었기 때문에 이 문제는 완전히 끝났다"고 하지 않고 "나는 날마다 죽노라"고 자랑하듯이 고백했습니다.

나도 그렇습니다. 예수를 구주로 영접할 때 그분을 내 영혼의 구원자이자 내 인생의 주인으로 고백했습니다. 하지만 나는 날마다 내게 있는 모든 것을 양도해 드립니다.

미국에서 가장 큰 주일학교를 세우고 신학대학을 세워 수많은 목회자를 양성하고 매년 8,000명에게 세례를 베풀고 40권이 넘는 책을 써낸 잭 하일스 목사님은 자신이 그 일을 한 것이 아니라 성령님이 하셨다고 고백합니다.

그리고 그 비결에 대해 말하길 하루에 일곱 번 자신의 몸을 성령님께 양도한다고 했습니다.

"모든 그리스도인은 날마다 성령님께 자기 몸을 양도해야 한다. 그것도 매일 정해진 시간에 습관을 따라 하루에 몇 번씩 그렇게 하는 것이 꼭 필요하다고 생각한다. 나는 하루에 일곱 번 정도 무릎 꿇고 짧은 기도를 하며 내 몸을 성령님께 양도한다. '사랑하는 성령님, 제 몸을 양도합니다. 오늘도 저를 통해 일하시고 성령님의 뜻대로 저를 사용해 주세요'라고 말씀드린다. 당신도 시도해 보라."

나도 생활 속에 수시로 내 몸을 양도합니다. 그것도 몸만 아니라 목회도 양도합니다. 자녀도 양도합니다. 재정 문제도 양도합니다. 모든 것을 양도하는 기도를 드립니다.

매일 아침에 눈을 뜨면 이렇게 양도합니다.

“사랑하는 성령님, 제 몸을 성령님께 양도합니다. 기름 부으시고 성령님이 원하시는 대로 사용해 주세요.”

사람들은 자기 몸이 자기 것인 줄 알고 함부로 대합니다. 그렇지 않습니다. 내 몸은 내 것이 아니라 하나님의 것이며, 하나님의 성전입니다. 그것도 지성소입니다.

나를 따라서 이렇게 말해 보십시오.

“내 몸은 하나님의 지성소다.”

그 몸을 매일 매순간 성령님께 양도해야 합니다.

바울은 거룩함을 온전히 이루어 육과 영의 온갖 더러운 것에서 자신을 깨끗하게 하자고 했습니다. “그런즉 사랑하는 자들아, 이 약속을 가진 우리는 하나님을 두려워하는 가운데서 거룩함을 온전히 이루어 육과 영의 온갖 더러운 것에서 자신을 깨끗하게 하자.”(고후 7:1)

우리 힘으로는 그렇게 거룩한 삶을 살 수 없습니다.

그러면 어떻게 해야 할까요? 몸과 마음을 성령님께 양도해 드리면 됩니다. 그래서 바울은 이렇게 말했습니다.

“그러므로 형제들아, 내가 하나님의 모든 자비하심으로 너희를 권하노니 너희 ‘몸’을 하나님이 기뻐하시는 거룩한 산 제물로 드리라. 이는 너희가 드릴 영적 예배니라. 너희는 이 세대를 본받지 말고 오직 '마음'을 새롭게 함으로 변화를 받아 하나님의 선하시고 기뻐하시고 온전하신 뜻이 무엇인지 분별하도록 하라."(롬 12:1~2)

내 몸을 산 제물로 드리고 내 마음을 새롭게 함으로 변화를 받는 것, 이 두 가지는 내 힘으로 안 됩니다.

성령님만이 하실 수 있는 일입니다. 그러므로 우리는 몸과 마음을 성령님께 양도하는 기도를 드리므로 그분을 의지해야 합니다. 그러면 성령님이 도우십니다.

"성령님, 제 몸과 마음을 양도합니다."

## 문제를 성령님께 양도하라

당신이 지금 가장 힘들어하는 문제는 무엇입니까?

부모와 자녀, 남편과 아내, 돈과 명예, 사역과 사업, 건물과 땅, 그것이 어떤 문제이든 성령님께 양도하십시오.

하루에 세 번 정도 이렇게 말씀드리십시오.

"성령님, 제 남편을 성령님께 양도합니다. 성령님께서 기름 부으시고 원하시는 대로 사용해 주세요."

당신의 마음을 늘 붙들고 힘들게 하는 문제를 성령님께 양도하십시오. 자녀 문제라면 이렇게 말씀드리십시오.

"성령님, 제 딸을 양도합니다. 성령님께서 기름 부으시고 원하시는 대로 이끌어 주세요. 하나님을 경외하는 믿음의 배우자를 만나 결혼해서 행복하게 살게 해주세요."

성령님께 양도하면 그분이 일하십니다.

"네 짐을 여호와께 맡기라. 그가 너를 붙드시고 의인의 요동함을 영원히 허락하지 아니하시리로다."(시 55:22)

자신이 마음에 무거운 짐을 지고 염려 근심하는 것은 아주 나쁜 습관입니다. 그 짐을 성령님께 양도하는 좋은 습관으로 바꾸십시오. 이렇게 말씀드리십시오.

"성령님께 모든 염려를 양도합니다."

## 좋은 습관을 만드는 비결

당신은 좋은 습관 만드는 방법을 아십니까?

사람들은 새로운 습관을 만들고 싶어도 자꾸 잊어 먹습니다. 어떤 일이든 처음 시도할 때 잘 안 되는 것이 있으면 평소에 하고 있는 행동과 새로운 것, 두 가지를 결합해서 실천하면 됩니다. 물건도 '묶음 상품'이 있고 통신 요금도 '결합 상품'이 있고 여행도 '패키지여행'이 있습니다.

나는 기도와 말씀, 독서와 저술, 산책과 암송, 운전과 방언 등을 묶어서 합니다. 스트레칭 할 때도 까치발 들기와 팔 벌리기를 하면서 큰 호흡까지 함께 합니다. 큰 호흡은 들숨과 날숨을 천천히 크게 하면서 스트레칭 하는 것을 말하는데, 유산소 운동과 같은 효과를 얻습니다.

나는 기도하면서 성경책을 읽습니다. 어떻게 그것이 가능할까요? 방언 곧 영으로 기도하면 내 마음에는 열매를 맺지 못하기 때문에, 내 마음이 다른 기능을 자유롭게 할 수 있습니다. 그것이 곧 성경 읽기입니다. 나는 기도할 때 성경을 읽으면서 깨달음을 얻고 그것을 메모합니다.

그렇게 매일 하기 때문에 따로 설교 준비를 할 필요가 없습니다. 토요일에 서재에 들어가서 10시간 설교 원고 준비하는 것과는 차원이 다릅니다. 내가 하는 방식은 하루에 3~10시간씩 기도하면서 성경책을 읽고 깨달은 것을 내 삶에 실천하고 그것을 설교하는 것입니다.

"김열방 목사님은 지혜의 말씀의 은사가 있어서 입만 열면 설교가 줄줄 나온다면서요?"

맞습니다. 하지만 지혜의 말씀의 은사가 있으니 설교 준비를 하지 않아도 된다는 말은 아닙니다. 물론 그 은사가 있기 때문에 성경을 보고 깨닫는 것이 훨씬 쉽고 즐겁습니다. 그래도 성경을 연구하고 부지런히 살핍니다.

성경에 보면, 하나님이 특별히 기름 부어 세우신 선지

자들도 성경을 꾸준히 연구하고 부지런히 살폈다고 했습니다. “이 구원에 대하여는 너희에게 임할 은혜를 예언하던 선지자들이 연구하고 부지런히 살폈다.”(벧전 1:10)

은사를 받은 사람은 더욱 열심을 냅니다.

## 습관적으로 기도하고 안수하라

내게는 특별한 기도 제목이 하나 있는데, 나는 그것을 반복하는 어떤 행동과 결합시켜 자동으로 기도합니다.

어떤 행동일까요? 물 마시는 것입니다.

나는 정시 기도할 때 물을 한 컵 떠놓고 목이 마르면 한 모금씩 마시는데 그때마다 내 기도 제목을 성령님께 말씀드립니다. 기도를 7시간 할 경우, 대략 한 시간마다 한 모금씩 마시게 되니, 일곱 번 간구하게 됩니다. “한 번 기도하고 구하는 것은 받은 줄로 믿으라고 했잖아요?”

그렇습니다. 나는 받은 줄로 믿고 감사하는 마음으로 간구합니다. 귀신을 쫓아내는 것도 한 번 안수로 쫓아낸 적이 많지만 어떤 경우에는 3시간, 10시간 동안 수십 번 안수하기도 합니다. 귀신이 쫓겨 나갔다고 믿고 계속 안수하는 것입니다. 겉으로 볼 때 몇 마리 귀신이 쫓겨 나갔어도 속에 숨어 있는 귀신이 있기 때문입니다. 그래서 기도 받으러 온 사람이 완전히 치유 받을 때까지 여러 번 안수해 줍니다. 예수님도 두 번 안수하신 적이 있습니다.

빌립보서 4장 6~7절에 "아무 것도 염려하지 말고 다만 모든 일에 기도와 간구로, 너희 구할 것을 감사함으로 하나님께 아뢰라. 그리하면 모든 지각에 뛰어난 하나님의 평강이 그리스도 예수 안에서 너희 마음과 생각을 지키시리라"고 했습니다. 여기에 기도와 간구, 두 가지가 나옵니다.

기도는 하나님께 한 번 아뢰는 것이고, 간구는 하나님께 여러 번 간절히 구하는 것입니다. 둘 다 필요합니다.

한 번 기도하고 명령하고 전도했다고 끝내지 말고 끈질기게 기도하고 명령하고 전도하십시오.

그러면 기적이 일어납니다.

종일 기도. 제 3 부 – 김열방

# 기도로 당신의 운명을 바꾸라

## 100년 동안 기도하고 낙심하지 마라

당신은 기도하다 낙심하고 포기한 적이 없습니까?

나는 그럴 뻔한 적이 많습니다. 하지만 성령님은 다시 나를 일으켜 주셨습니다. 나는 지금도 오래 참고 끝까지 기도하는 제목들이 몇 가지 있습니다. 내 믿음의 경주는 장거리이며, 아직 끝나지 않았고 한창 진행 중입니다.

예수님은 누가복음 18장에 불의한 재판관에 대한 비유로 '오래 참고 기도할 것'을 가르치셨습니다.

우리는 어떻게 기도해야 할까요?

첫째, "예수께서 그들에게 항상 기도하고 낙심하지 말아야 할 것을 비유로 말씀하여."(눅 18:1)

항상 기도하고 낙심하지 말아야 합니다. 사람들은 몇 번 기도해 보고 안 되면 기도를 멈춥니다. 그리고 낙심합니다. 자신의 비참한 상태를 운명으로 받아들입니다.

그들은 울상을 지으며 이렇게 말합니다.

"나는 어쩔 수 없어, 평생 이대로 살아야 해. 하나님이 내 기도를 안 들어주시는 걸 어쩌라고? 나는 평생 죄 짓고 목마르고 병들고 가난하고 어리석고 징계를 받고 죽음에 거해야 해. 하는 일도 변변치 않아. 이게 내 운명이야."

결코 그렇지 않습니다. 당신의 마음에 있는 꿈과 소원들, 그 어떤 것도 포기하지 말고 계속 간구해야 합니다.

'이대로 받아들여야 해'라는 식의 당연한 운명은 성경 인물 중에 없습니다. 성경 인물들은 모두 기도함으로 자신의 비참한 운명을 비옥한 운명으로 바꾸었습니다.

기도로 자신의 운명을 바꾼 야베스를 보십시오.

"야베스는 그의 형제보다 귀중한 자라. 그의 어머니가 이름하여 이르되 야베스라 하였으니 이는 내가 수고로이 낳았다 함이었더라. 야베스가 이스라엘 하나님께 아뢰어 이르되 '주께서 내게 복을 주시려거든 나의 지역을 넓히시고 주의 손으로 나를 도우사 나로 환난을 벗어나 내게 근심이 없게 하옵소서' 하였더니 하나님이 그가 구하는 것을 허락하셨더라."(대상 4:9~10)

당신은 그리스도 안에서 새로운 피조물이 되었습니다.

당신은 그리스도 안에서 의롭고 성령 충만하고 건강하고 부요하고 지혜롭고 평화롭고 생명을 얻는 좋은 운명만 있습니다. 나쁜 운명은 예수님이 십자가에서 다 가져가셨습니다. 제발 포기하지 말고 100년 동안 간구하십시오.

성경에 보면 '이게 내 운명이야, 어쩔 수 없어. 평생 이렇게 살아야 해'라고 생각했던 수많은 병자들이 예수님을 만나 치유 받고 운명이 바뀌었습니다. 지금 당신 안에 살아 계신 예수님은 당신의 운명을 바꾸시는 분입니다. 그분이 당신의 마음에 어떤 꿈과 소원을 주셨다면 절대로 포기하지 마십시오. 믿음의 조상 아브라함을 본받으십시오.

그는 "이게 내 운명이야, 나는 자식이 없이 평생 살아야 해"라고 말하지 않았습니다. 그는 믿음으로 자식을 얻었고 하늘의 별과 같고 바닷가의 모래알 같이 많은 후손의 조상이 되었습니다. 당신도 그렇게 될 것입니다.

둘째, "이르시되 어떤 도시에 하나님을 두려워하지 않고 사람을 무시하는 한 재판장이 있는데."(눅 18:2)

어떤 사람은 이 재판장을 마귀라고 해석하는데, 그렇지

않습니다. 그냥 항상 기도하고 낙심하지 말라는 교훈을 강조하기 위해 비유에 한 인물을 등장시킨 것뿐입니다.

왜 마귀가 아닐까요? 마귀는 하나님을 두려워합니다. 마귀는 사람을 무시하지 않습니다. 거짓말과 두려움으로 사람을 속일 뿐입니다. 마귀는 재판장이 아닙니다. 또한 그리스도인은 과부가 아닙니다. 무엇보다 결정적인 것은 그리스도인은 마귀에게 간구하지 않는다는 것입니다.

셋째, "그 도시에 한 과부가 있어 자주 그에게 가서 내 원수에 대한 나의 원한을 풀어 주소서 하되 그가 얼마 동안 듣지 아니하다가 후에 속으로 생각하되 내가 하나님을 두려워하지 않고 사람을 무시하나 이 과부가 나를 번거롭게 하니 내가 그 원한을 풀어 주리라 그렇지 않으면 늘 와서 나를 괴롭게 하리라 하였느니라. 주께서 또 이르시되 불의한 재판장이 말한 것을 들으라."(눅 18:3~6)

과부는 자주 그에게 가서 요청했습니다. 그가 얼마 동안 듣지 않았다고 했습니다. 우리가 기도할 때도 이런 일이 생깁니다. 자주 기도하지만 하나님이 얼마 동안 듣지 않는 것처럼 모든 것이 차갑게만 느껴집니다. 그래도 항상 기도하고 낙심하지 말아야 합니다. 계속 번거롭게 해야 합니다. 100년 동안 기도하고 낙심하지 마십시오.

넷째, "하물며 하나님께서 그 밤낮 부르짖는 택하신 자들의 원한을 풀어 주지 아니하시겠느냐 그들에게 오래 참으시겠느냐 내가 너희에게 이르노니 속히 그 원한을 풀어 주시리라 그러나 인자가 올 때에 세상에서 믿음을 보겠느냐 하시니라."(눅 18:7~8)

여기서 강조하는 것은 '하물며'입니다.

"불의한 재판관도 과부의 요청을 들어 주었는데, 하물며 너희일까보냐?"라는 말씀입니다. 예수님은 '하물며 믿음'을 가지라고 하십니다. '하물며 믿음'은 예수님의 가르침에 계속 반복됩니다. "하물며, 하물며. 하물며."

무리 수만 명이 되어 서로 밟힐 만큼 되었을 때 예수님은 그들에게 '믿음에 대해' 가르치셨습니다. 그리고 결정적인 한 마디를 던지셨습니다. 무엇일까요?

"하물며 너희일까보냐?"였습니다.

"까마귀를 보라, 하나님이 기르시지 않느냐? 하물며 너희일까보냐? 백합화를 보라, 하나님이 입히시지 않느냐? 하물며 너희일까보냐?"

내가 집을 사겠다고 아파트 단지를 돌아볼 때 집집마다 교패가 붙어 있었는데, 불교와 천주교가 많았습니다.

"예수 믿는 교인들은 다 어디 갔지? 왜 수십억 하는 잠실의 아파트들에 불교와 천주교인들이 살고 있지?"

그때 주님이 내게 말씀하셨습니다.

"하물며 너희일까보냐?"

그리고 나도 아파트를 사게 하셨습니다.

주님은 당신에게도 말씀하십니다.

"오늘 있다가 내일 아궁이에 던져지는 들풀도 하나님이 이렇게 입히시거든 '하물며 너희일까보냐' 믿음이 작은 자들아, 너희는 무엇을 먹을까 무엇을 마실까 하여 구하지 말며, 근심하지도 말라. 이 모든 것은 세상 백성들이 구하는 것이라. 너희 아버지께서는 이런 것이 너희에게 있어야 할 것을 아시느니라."(눅 12:28~30)

"의식주를 구하지 말라"는 말씀은 기도하지 말라는 것이 아니라 '그런 것 때문에 너무 애쓰며 힘들어하지 마라'는 것입니다. "근심하지 말라"는 말씀은 '해결되지 않은 일 때문에 속을 태우거나 우울해 하지 말라'는 것입니다.

그만 염려하십시오. 우울한 마음을 물리치십시오.

모든 조바심을 버리십시오.

하나님이 어떻게든 반드시 응답하십니다.

당신에게 기적이 일어날 것입니다.

## 당신의 기도는 반드시 응답된다

하나님이 속히 당신의 원한을 풀어 주실 것입니다.

불의한 재판관 비유에서 "원한을 풀어준다"고 했는데, 이 원한은 '법적인 권리'를 의미합니다. 하나님은 당신의 적대자에게서 당신의 권리를 찾아 주시는 분입니다.

당신의 법적인 권리가 무엇일까요?

그리스도 안에서 얻게 되는 의와 성령 충만, 건강과 부요, 지혜와 평화와 생명입니다. 하나님의 자녀의 권세와 행복이며, 모든 기도에 응답받는 것입니다. 예수님은 기도 응답에 대한 것을 여러 가지 비유로 말씀하셨습니다.

그리고 이렇게 결론을 맺으셨습니다.

"지금까지는 너희가 내 이름으로 아무 것도 구하지 아니하였으나 구하라. 그리하면 받으리니 너희 기쁨이 충만하리라. 이것을 비유로 너희에게 일렀거니와 때가 이르면 다시는 비유로 너희에게 이르지 않고 아버지에 대한 것을 밝히 이르리라."(요 16:24~25)

결국 기도하라는 것입니다.

지난날을 돌아보면, 나의 원한도 모두 기도 응답을 통해 풀어졌습니다. 기도 응답을 통해 죄가 사라지고 의인이 되었습니다. 기도 응답을 통해 목마름이 사라지고 성령 충만을 얻게 되었습니다. 기도 응답을 통해 병이 사라지고 건강을 회복했습니다. 기도 응답을 통해 가난이 사라지고 부요해졌습니다. 기도 응답을 통해 어리석음이 사라지고 지혜로워졌습니다. 기도 응답을 통해 징계가 사라지고 평화를 얻었습니다. 기도 응답을 통해 죽음이 사라지고 생명을 얻었습니다. 기도는 내 인생을 바꾸었습니다.

기도는 무엇입니까? 갈보리 언덕에 나아가 십자가에 달리신 예수 그리스도를 바라보며 간구하는 것입니다.

"그리스도께서 우리를 위하여 저주를 받은 바 되사 율법의 저주에서 우리를 속량하셨으니 기록된 바 나무에 달린 자마다 저주 아래에 있는 자라 하였음이라."(갈 3:13)

내 모든 저주가 사라졌습니다.

나는 복덩이입니다.

종일 기도. 제 4 부 – 김열방

# 기도할 때 받은 언약을 끝까지 믿으라

## 기도 응답을 포기하지 마라

당신은 어떤 기도를 하다 포기했습니까?

믿음은 끝까지 포기하지 않고 기도하는 것입니다.

무엇이든지 기도하고 구하는 것은 받은 줄로 믿고 10년, 100년, 200년이 지나도 포기하지 마십시오.

사람들은 "꿈은 이루어진다"고 외치지만 성경은 "언약은 이루어진다"고 말씀합니다. 하나님이 당신에게 주신 언약은 반드시 이루어집니다. 이 사실을 믿으십시오.

조금도 의심하지 말고 완전히 믿으십시오. "오직 믿음으로 구하고 조금도 의심하지 말라"고 했습니다.

아브라함은 아들을 주신다는 언약을 받고 10년이 지났을 때 마음에서 포기했습니다. 그리고 자신의 힘과 방법으로 자식을 만들었는데 그것이 사라의 몸종 하갈을 통해 낳은 이스마엘이었습니다. 그것은 믿음이 아닌 의심이었고 그 일로 마음이 상하신 하나님은 14년간 아브라함에게 침묵하셨고 99세에 다시 나타나셨습니다. "아브람이 구십구세 때에 여호와께서 아브람에게 나타나서 그에게 이르시되 나는 전능한 하나님이라 너는 내 앞에서 행하여 완전하라 내가 내 언약을 나와 너 사이에 두어 너를 크게 번성하게 하리라 하시니 아브람이 엎드렸더니 하나님이 또 그에게 말씀하여 이르시되 보라 내 언약이 너와 함께 있으니 너는 여러 민족의 아버지가 될지라."(창 17:1~4)

당신도 믿음을 지키십시오. 항상 기도하고 낙심하지 마십시오. 어떤 경우에도 언약을 의심하므로 하나님의 마음을 상하게 하지 마십시오. 그분은 전능하신 분입니다.

그분께 능치 못할 일이 있겠습니까?

그분은 하루 만에 다 주십니다.

## 당신에게 주신 언약은 이루어진다

하나님이 정말 당신에게 하신 언약을 이루실까요?

그렇습니다. 나는 그분의 언약이 하나씩 이뤄지는 것을 경험하면서 살고 있습니다. 처음에는 언약을 받고도 막연했는데, 시간이 지나면서 그 언약이 하나씩 이뤄지는 것을 보면 놀랍기 그지없습니다. 언약은 '말로 약속하는 것'입니다. 하나님은 그분이 언약하신 것을 다 지키십니다.

하나님은 아브라함에게 하늘의 별과 같은 많은 자손을 주겠다고 약속하셨습니다. 그것이 언제 이뤄졌습니까?

이삭을 낳았을 때입니다.

"한 명이잖아요?"

이삭은 하늘의 별과 같이 많은 자손의 마지막 아들이었습니다. 이스라엘 백성들이 430년간 노예 생활을 청산하고 나왔을 때, 모세는 이렇게 설교했습니다.

"너희 하나님 여호와께서 너희를 번성케 하셨으므로 너희가 오늘날 하늘의 별 같이 많거니와."(신 1:10)

여기에 '하늘의 별'이라는 말이 나옵니다. 아브라함에게 하신 언약이 이루어진 것입니다. 그걸로 끝이 아닙니다. 현재보다 천배나 더 많아지기를 원한다고 했습니다.

"너희 열조의 하나님 여호와께서 너희를 현재보다 천배

나 많게 하시며 너희에게 허락하신 것과 같이 너희에게 복 주시기를 원하노라."(신 1:11)

그 아브라함의 하늘의 별과 같이 많은 자손 안에 나와 당신도 포함되어 있습니다. "그런즉 믿음으로 말미암은 자들은 아브라함의 자손인 줄 알지어다."(갈 3:7)

하나님은 그분이 언약한 것을 반드시 지키십니다.

나도 그런 경험을 많이 했고 지금도 하고 있습니다.

그러니 낙심하지 말고 기도하십시오.

## 기도 응답은 씨앗처럼 심겨진다

나는 20세에 길을 걷다가 성령을 체험했습니다.

성령님이 내게 강하게 임하시므로 나는 교회에 달려가 바닥에 엎드려 회개하기 시작했습니다. 그리고 내 입술에서는 생전 처음 듣는 말들이 쏟아져 나왔습니다.

"셀라드리 셀라, 셀라 왈라드리 이스티얼."

방언을 받은 것입니다. 내가 그렇게도 원했던 방언이었습니다. 방언을 받으면 마음껏 기도할 수 있겠다고 생각했기 때문입니다. 그날 이후로 지금까지 나는 방언을 귀하게 여기며, 매일 방언으로 몇 시간씩 기도하고 있습니다.

방언은 영의 기도이기 때문에 끝도 없이 기도가 흘러나옵니다. 방언은 하면 할수록 생기가 넘치고 정신도 맑아집니다. 방언은 100퍼센트 영의 기도, 축복기도, 감사기도, 찬송기도입니다. 너무 좋습니다. 정말 귀한 은사입니다.

내가 하나님께 기도해서 응답 받고 싶었던 것 중에 첫째로 원했던 것이 방언이었고 둘째로 원했던 것은 지혜였습니다. 어느 날 새벽에 나는 하나님께 지혜를 구했습니다. "하나님, 저에게도 지혜를 주세요."

그러자 하나님이 내 마음에 즉시 응답하셨습니다.

'내가 너에게 지혜를 주었다. 받은 줄로 믿어라.'

나는 마음으로 '아멘' 했습니다. 그때 하나님이 주신 지혜가 씨앗으로 내 안에 심겨졌습니다. 나는 열매를 기대했는데, 하나님은 씨앗을 주신 것입니다. 그 씨앗이 자라는데 9년이 걸렸습니다. 그 음성을 들은 후로 내 머리가 특별하게 좋아졌다는 느낌 같은 것은 전혀 없었습니다.

나는 기도했습니다.

"하나님이 저에게 지혜를 주셨다고 했는데 왜 아무런 변화가 없나요? 머리가 시원해지든지, 기억력과 집중력이 폭발적으로 증가하든지, 뭔가 있어야 하지 않나요?"

그러자 주님께서 내게 놀라운 말씀을 하셨습니다.

'아들아, 너는 지금부터 생각과 말을 바꿔야 한다. 겉으로 드러나는 현상과 상관없이 지혜를 가졌다고 말하라. 내가 지혜를 주었으니 너는 받은 것이다. 그리고 너 자신을 향해 바보, 미련한 놈이라고 말하지 말고 그 반대의 말을 해야 한다. 너 자신에 대해 천재, 지혜로운 사람이라고 말하라. 그러면 네게 준 지혜가 나타나게 될 것이다. 기도하고 구한 것은 받은 줄로 믿고 마음에 조금도 의심하지 마라. 그러면 그대로 된다.'

나는 그렇게 실천했고 혼자 이렇게 중얼거렸습니다.

"나는 천재다."

"내 안에 하나님이 주신 지혜가 가득하다."

그 결과 나는 29세에 하나님이 주신 지혜로 두 권의 책 곧 〈성령님과 친밀하게 교제하는 법〉과 〈김열방의 두뇌개발비법〉을 써냈고 그 책을 본 한 사람이 놀라며 내게 "와, 천재다. 정말 대단하다"라고 말하며 축하해 주었습니다.

나를 보고 천재라고?

사실 그 사람이 말하기 전에 나는 주님께로부터 그 음성을 이미 들었습니다. 그는 내가 쓴 책이 설교나 간증, 논문이나 에세이가 아닌 '영적 원리'를 담은 천재적인 책이라며 좋아했습니다. 그 두 권의 책을 통해 전국과 세계의 수많은 사람들이 성령님과 인격적으로 교제하는 삶을 살게 되었고 또 나처럼 천재적인 지혜의 문이 열리게 되었습니다. 당신도 꼭 구입해서 읽어보기 바랍니다.

하나님은 20세에 기도 응답으로 '내가 네게 지혜를 주었다'는 언약을 주셨고 그 후로 9년이 지나서야 그 언약을 현실에 열매로 나타내신 것입니다. 하나님은 당신에게 하신 언약도 반드시 지키십니다. 인생은 언약대로 됩니다.

"내 언약을 깨뜨리지 아니하고 내 입술에서 낸 것은 변하지 아니하리로다."(시 89:34)

종일 기도. 제 5 부 – 김열방

# 절대 긍정의 믿음으로 기도하라

## 부정적인 것은 보지도 듣지도 마라

당신은 무엇을 보고 듣습니까? 주의하십시오.

하나님이 당신에게 주신 언약을 이루는 것을 방해하기 위해 사탄이 쓰는 전략은 부정적인 생각과 말입니다. 그런 것에 틈을 주므로 전염되면 믿음이 한순간에 무너집니다.

사람들은 아무 생각 없이 부정적인 것을 보고 듣고 말하고 옮깁니다. 그래서 마음이 답답하고 우울해지는 것입니다. 부정적인 것은 그것이 무엇이든 멀리 해야 합니다.

나는 부정적인 것은 보지도 듣지도 말하지도 옮기지도 않습니다. 오직 절대 긍정의 믿음으로 살며, 긍정적인 것만 보고 듣고 말합니다. 나는 이 내용으로 〈절대 긍정의 믿음〉이란 책을 써냈습니다. 꼭 읽어보기 바랍니다.

인생은 무엇을 보고 듣고 말하느냐에 따라 결정됩니다.

이 내용에 대해 예수님께서 마가복음 4장 23~32절에 말씀하셨습니다. 구체적으로 어떤 것이 있을까요?

첫째, 오직 주님의 음성을 들어야 합니다.

"들을 귀 있는 자는 들으라."(막 4:23)

주님은 지금도 세미한 음성으로 말씀하십니다.

그분은 성경을 통해 말씀하시고 주의 종을 통해 말씀하시고 또 직접 세미한 음성으로 말씀하십니다. 그럴 때 '들을 귀'가 있어야 합니다. 나는 하나님께 들을 귀를 달라고 기도합니다. "성령님, 제 귀를 열어 주세요. 성령님이 하시는 말씀을 듣게 해주세요. 군중의 목소리가 아닌 성령님의 목소리를 듣고 따라가게 해주세요."

둘째, 부정적인 것은 듣지 말아야 합니다.

"너희가 무엇을 듣는가 스스로 삼가라."(막 4:24)

무엇을 듣는가 스스로 삼가야 합니다. 믿음은 들음에서 나기 때문에 아무 소리나 들으면 안 됩니다.

얼마 전에 한 독자가 내게 전화로 상담했습니다.

"김열방 목사님, 주위 사람들의 부정적인 목소리 때문에 너무 힘듭니다. 사람들이 끊임없이 저에 대해 이러쿵저러쿵 안 좋게 말합니다. 어떻게 하면 좋을까요?"

나는 그분에게 대답했습니다.

"그들이 무슨 말을 하든지, 그게 무슨 상관입니까? 한두 명이 아니라 수만 명이 떠들어도 상관하지 마세요. 그것은 그들이 알아서 할 일입니다. 그들의 비판과 비난의 목소리를 저울의 작은 티끌처럼 여기세요. 아무것도 아닙니다. 그들이 뭐라 하든 하나님 앞에서 내 할일만 하면 됩니다."

그분은 그게 잘 안된다고 했습니다.

"그렇게 비판하는 사람이 먼 데 사람이 아니라 가장 가까운 사람이어서 내 마음이 더 힘듭니다. 왜 이런 일이 생겼을까요? 목사님도 이런 일을 겪은 적이 있나요?"

나는 그렇다고 말하며 생각을 바꾸라고 권했습니다.

"나도 예전에는 주변의 비판과 판단의 말 한 마디 때문에 힘들어 했지만 지금은 완전히 바뀌었습니다. 가장 가까운데 있는 대상은 가족이나 지인, 군중이 아닌 성령님이십니다. 성령님이 당신 안에 살아 계십니다. 성령님은 크신 분이고 이 세상 모든 사람은 통의 한 방울 물과 같고 저울의 작은 티끌 같습니다. 그들을 상관하지 마세요."

주님께서 말씀하십니다.

"네게 무슨 상관이냐?"(요 21:22)

당신은 어떤가요? 어떤 목소리를 따라 삽니까?

세상에서 가장 큰 목소리는 성령님의 목소리입니다.

나는 지금까지 성령님의 음성을 따라 살아왔습니다.

무엇을 듣는가 스스로 삼가십시오.

나는 매일 아침 눈을 뜨면 성령님께 도움을 구합니다.

"성령님, 오늘도 부정적인 것은 보지도 듣지도 말하지도 옮기지도 않게 해주세요. 그리고 음란한 것과 파괴적인 것과 더러운 것도 보지 않게 해주세요. 오직 영의 생각만 하고 육신의 생각은 하나도 떠오르지 않게 해주세요."

셋째, 없는 것이 아닌 있는 것을 헤아려야 합니다.

"너희의 헤아리는 그 헤아림으로 너희가 헤아림을 받을 것이며 더 받으리니 있는 자는 받을 것이요 없는 자는 그 있는 것까지도 빼앗기리라."(막 4:24~25)

사람들은 자신에게 주신 은혜를 헤아리지 않고 남에게 주신 은혜를 헤아립니다. 그러면 항상 부족함을 느끼게 됩니다. 비교 경쟁, 시기 질투하며 싸우게 됩니다.

긍정적인 믿음으로 이렇게 말하십시오.

"하나님은 내게 많은 은혜와 은사를 주셨다. 지혜와 지식을 주셨다. 방법과 방향을 주셨다. 내 잔이 넘친다."

하나님은 믿음의 하나님이십니다. 믿음은 씨앗으로 시

작됩니다. 하나님이 기도 응답으로 작은 씨앗을 주십니다.

그럴 때 사람들은 실망하듯이 말합니다.

"이게 뭐야? 아무것도 아니잖아. 너무 작아."

그리고 남의 밥그릇과 떡을 보면서 우울해 합니다.

하나님은 겸손하라고 하십니다. "작은 날의 일이라고 멸시하는 자가 누구냐?"(슥 4:10) 하나님의 일은 시작이 끝에서부터, 그것도 아주 작게 시작됩니다. 하나님이 행하시는 모든 일의 시작은 미약하지만 나중은 아주 커집니다.

광야에서의 심판도 이스라엘 백성들의 장막 끝에서부터 불이 붙어 작게 시작되었고(민 11:1~2) 마지막 심판도 "하나님의 집에서 심판을 시작한다"(벧전 4:17)고 했습니다. 그러므로 우리는 항상 깨어 있어야 합니다. 하나님이 언제 어떤 방식으로 찾아오셔서 응답하실지 모르기 때문에 의심하지 말고 믿음을 굳게 지켜야 합니다. 예수님은 "내가 올 때에 믿음을 보겠느냐?"라고 하셨습니다.

부정적인 사람은 부정적인 것만 보고 부정적인 생각만 합니다. 그들은 항상 "없다, 없다"고 말합니다. 그렇지 않습니다. 부정적인 목회자들도 입만 열면 "없다, 없다"고 말합니다. 그들은 목회하는 내내 불행합니다.

"우리 동네에는 전도 대상자가 없다. 이 땅은 소돔과 고모라 같다. 다 심판받고 멸망할 것이다. 우리 교회에는 교인이 없다. 재정도 없다. 은혜도 없고 은사도 없고, 방법도 없고 방향도 없다. 청년도 없고 아이도 없다. 모두 없다."

하나님은 없는 것을 있는 것처럼 불러내시는 분입니다.

나는 그런 하나님께 매일 기도하고 간구합니다.

"전능하신 하나님, 없는 것을 있는 것처럼 불러내시며, 안 되는 것을 되게 하시며, 바랄 수 없는 중에 바라게 하시며, 죽은 자를 살리시는 하나님, 기적을 베풀어 주소서."

이 글을 쓰는 지금도 응답이 왔습니다. 하나님이 없는 사람과 재정을 만들어서 내게로 보내 주신 것입니다.

제발 "없다. 안 된다. 절망이다. 죽었다"는 말을 입술로 하지 마십시오. 그 중에서도 하나님이 가장 싫어하시는 말은 "없다"입니다. 하나님이 가장 기뻐하시는 말은 "있다"입니다. 눈에 보기에 아무것도 없어도 '창조주 하나님'이 당신과 함께 있지 않습니까? 그러면 다 있는 것입니다.

당신은 어떤 말을 자주 하는 편입니까? 주님이 당신에게 무엇이 있느냐고 물으실 때 없다고 말하지 말고 있다고 말하십시오. 그리고 있는 것을 찾으십시오.

"보리떡 다섯 개와 물고기 두 마리가 있습니다."

"기름 한 병과 가루 한 움큼이 있습니다."

"내 손에 지팡이가 있습니다."

"두세 사람이 있습니다."

그런 사람에게 기적이 일어났습니다.

하나님은 있다는 자에게 더 많이 주시고 없다는 자에게는 그 있는 것을 빼앗아 있다는 자에게 주십니다. 그러므로 제발 오늘부터는 없다는 말을 하지 마십시오. 없으면 종일 엎드려 기도하십시오. 구하고 찾고 두드리십시오. 구하면 주시고 찾으면 찾게 되고 문을 두드리면 열립니다.

사람들은 내게 있는 것을 보면서 부러워합니다.

"와, 김열방 목사님에게는 많은 것이 있어."

내게 있는 것 중에 하나라도 하나님께 받지 않은 것이 없습니다. 나는 없는 것을 놓고 원망 불평하지 않고 하나님께 조목조목 구했고 받았습니다. 나는 사람들에게 120가지 꿈과 소원 목록을 적으라고 말합니다. 왜 그럴까요?

결국 그 120가지는 내게 없는 것들의 목록입니다.

없는 것을 적고 하나님께 구하면 다 주신다는 말입니다. 나는 그렇게 구했고 다 받았고 또 앞으로도 계속 구하고 받을 것입니다. 날 때부터 모두 빈손입니다. 인생은 하나님이 주시는 기도 응답으로 만들어 가는 것입니다.

목사님들의 목회와 선교 사역도 그렇습니다.

많은 목회자들이 "우리 교회는 교인이 없다"고 말합니다. 하지만 예수님은 다르게 말씀하십니다. "두세 사람이 내 이름으로 모인 곳에는 나도 그들 중에 있다"(마 18:20)

고 하셨습니다. 두세 사람도 있고 예수님도 있습니다.

없다는 말을 하지 말라는 것입니다. 두세 사람과 예수님이 계시면 부족함이 없고 능치 못할 것도 없습니다.

"우리 교회는 기도 용사 300명이 없어요."

기도 용사는 300명이 아니어도 됩니다. 두 사람이 합심하여 무엇이든지 구하면 다 들어주신다고 했습니다.

"진실로 다시 너희에게 이르노니 너희 중의 두 사람이 땅에서 합심하여 무엇이든지 구하면 하늘에 계신 내 아버지께서 그들을 위하여 이루게 하시리라."(마 18:19)

오늘부터 없는 것 탓하지 말고 있는 것만 헤아리십시오. 그러면 하나님이 더 많은 복을 주셔서 그것이 증가될 것입니다. 하나님은 있는 자에게 더 주십니다.

넷째, 기도 응답은 씨앗처럼 작게 주어집니다.

"또 이르시되 하나님의 나라는 사람이 씨를 땅에 뿌림과 같으니 그가 밤낮 자고 깨고 하는 중에 씨가 나서 자라되 어떻게 그리 되는지를 알지 못하느니라."(막 4:26~27)

하나님의 나라는 눈에 보이게 임하는 것이 아니며 여기 있다 저기 있다고도 못합니다. 하나님의 나라가 그 사람 속에 임하기 때문입니다. 그래서 사람들이 자꾸 놓칩니다.

하나님의 나라는 사람이 씨를 땅에 뿌림과 같습니다.

씨앗을 뿌린 농부는 밤낮 자고 깨고 하면서 기다립니

다. 그런 중에 씨가 나고 자랍니다. 어떻게 그리 되는지 아는 사람은 없습니다. 농부가 뿌린 씨앗이 싹이 난다면 '하물며' 하나님의 말씀은 더욱 그러하지 않겠습니까?

하나님은 "내 입에서 나가는 말도 이와 같이 헛되이 내게로 되돌아오지 아니하고 나의 기뻐하는 뜻을 이루며 내가 보낸 일에 형통함이니라"(사 55:11)고 하셨습니다.

하나님이 당신에게 주신 언약은 반드시 이뤄집니다.

어떻게 이루어질까요? 스스로 열매를 맺습니다.

처음에는 보잘 것 없는 싹입니다. 다음에는 이삭이요 그 다음에는 이삭에 충실한 곡식이 됩니다. 열매가 익으면 그때 낫을 댑니다. 당신이 기도한 것에 대해 추수할 때가 반드시 온다는 사실을 기억해야 합니다. "땅이 스스로 열매를 맺되 처음에는 싹이요 다음에는 이삭이요 그 다음에는 이삭에 충실한 곡식이라. 열매가 익으면 곧 낫을 대나니 이는 추수 때가 이르렀음이라."(막 4:28~29)

그러므로 온전히 인내함으로 추수 때를 기다려야 합니다. 야고보 사도는 "인내를 온전히 이루라"고 했습니다.

"인내를 온전히 이루라. 이는 너희로 온전하고 구비하여 조금도 부족함이 없게 하려 함이라."(약 1:4)

온전한 인내는 온전한 믿음의 결과입니다. 하나님의 언약을 온전히 믿고 마음에 조금도 의심하지 마십시오.

다섯째, 하나님의 나라가 눈에 보이지는 않지만 지금도 당신 안에서 계속 자라고 있음을 믿어야 합니다.

"또 이르시되 우리가 하나님의 나라를 어떻게 비교하며 또 무슨 비유로 나타낼까? 겨자씨 한 알과 같으니 땅에 심길 때에는 땅 위의 모든 씨보다 작은 것이로되 심긴 후에는 자라서 모든 풀보다 커지며 큰 가지를 내나니 공중의 새들이 그 그늘에 깃들일 만큼 되느니라."(막 4:30~32)

하나님 나라는 겨자씨 한 알처럼 작게 시작합니다. 하지만 그 겨자씨가 심긴 후에는 자라서 모든 풀보다 커지고 큰 가지를 냅니다. 공중의 새들이 그 그늘에 깃들이게 됩니다. 작은 것에서 하나님의 일하심을 발견하십시오.

모든 것은 한 명, 또는 두세 명으로 시작되었습니다.

당신에게 주신 씨앗도 지금 꿈틀거리고 있습니다.

그 씨앗이 자라 큰 나무가 될 것입니다.

## 책으로 복음의 씨앗을 뿌리라

당신은 어떤 방식으로 복음의 씨앗을 뿌립니까?

나는 책으로 전도하고 선교하면서 씨앗을 뿌립니다.

내가 이렇게 책을 써내는 것은 전도와 선교의 씨앗을

뿌리기 위함입니다. 복음으로 변화된 내 삶과 깨달음을 담은 내 책은 나의 분신이 되어 밤낮 내 대신 전국과 세계를 다니며 말씀의 씨앗을 부지런히 뿌리고 있습니다.

당신도 죽기 전에 꼭 책을 써내기 바랍니다.

"나는 유명한 작가도 아니고, 책을 써 본 적이 없어요."

누구나 처음이 있습니다. 누구나 무명이었습니다. 누구나 책을 써 본 적이 없었는데, 용기를 내어 시도했습니다.

헤르만 헤세는 4세 때부터 천재적인 기질을 보였고 14세부터는 많은 깨달음을 얻기 시작했습니다. 그는 그것을 책으로 써내려고 시도했는데 1933년~1945년까지 총 20권을 저술했지만 어떤 출판사도 그의 책을 내주지 않았고 결국 그는 자신이 세운 출판사를 통해 한 권씩 자비로 출간했습니다. 그 책들이 엄청나게 많이 팔릴 줄 알았는데 그게 아니었습니다. 12년 동안 총 481권의 문고판만 겨우 팔렸던 것입니다. 그러나 지금은 어떤가요? 전 세계 수천만 명의 독자가 그의 책을 읽고 감동받고 있습니다.

당신도 책을 써내겠다는 꿈과 소원을 가지기 바랍니다.

그런 꿈과 소원을 가지면 그때부터 성령님이 일하기 시작합니다. "내게는 책을 쓸 재능이 없는데요." 괜찮습니다. 재능이 없어도 꿈을 가지면 재능의 영이신 성령님이 도와주십니다. 꿈과 소원조차 없으면 어떻게 될까요? 아무 일이 일어나지 않습니다. 꿈과 소원을 가지십시오.

"나도 책을 써내야겠다. 하나님을 만난 이야기, 기도 응답 받은 이야기, 아내를 만나 결혼한 이야기, 성경을 읽고 깨달은 이야기 등을 내 책에 담아 출간해야겠다."

단독 출간이 두꺼워서 부담되면 공동 저자로 내면 쉽습니다. 성경은 다양한 직업의 40명 공동 저자로 만들어졌습니다. 공동 저자라고 해서 책의 힘이 40으로 나뉘어 약해진 것이 아닙니다. 40배로 곱해지고 더 강해졌습니다.

물론 성경의 원저자는 한 분 곧 '성령님'이십니다.

모든 것이 흘러가고 지나가고 사라집니다. '기억'만 남습니다. 기억은 '기록'이 될 때 영원합니다. 인간은 '영원'을 사모하는 마음이 있습니다. 물론 우리는 천국에서 영원히 살지만 이 땅의 후손들에게도 믿음의 흔적을 남겨야 합니다. 그 방법은 기억을 기록하여 '책'으로 써내는 것입니다. 죽기 전에 꼭 책을 쓰십시오. 책은 영원히 남습니다.

나는 '책의 힘'에 대해 말합니다.

"책은 나의 분신이 되어 내 대신 전국과 세계를 다니며 전도하고 선교하고 상담하고 가르치고 제자 삼고 수많은 인생을 바꿉니다. 책을 한 권 써내는 것은 내 대신 목숨 걸고 복음을 전하는 선교사 수천 명을 파송하는 것과 같습니다. 책을 한 권 써내는 것은 박사 학위 100개보다 낫고 가

문의 영광입니다. 책으로 전도하고 선교하세요."

다른 잡다한 일은 아낌없이 시간과 비용을 들여 다 하면서 책은 쓰지 않는 사람이 있습니다. 안타깝습니다.

나는 모든 성공의 끝이 책인 것을 알고 20대에 신학대학원에 입학했지만 즉시 휴학하고 책부터 먼저 써냈습니다. 다른 사람들과 반대로, 끝에서부터 시작한 것입니다.

지금 생각해도 그것이 내 인생에서 가장 잘한 일 중에 하나입니다. 다른 일을 다 하고 죽기 직전에 책을 쓰는 것도 잘하는 일이지만 책부터 먼저 써 놓고 다른 일을 하는 것은 더 잘하는 일입니다. 당신도 그렇게 하십시오.

내가 "책부터 써내라. 한 권, 열 권, 백 권 써내라"고 하면 사람들이 묻습니다. "제가 꼭 책을 써야 하나요?"

그렇습니다. 꼭 책을 쓰십시오. 아무리 대단한 업적을 이뤄도 나중에 다 사라지고 없습니다. 책만 남습니다.

책을 써내되 아무 책이 아닌 존귀한 책을 써내십시오.

세상에는 이미 수많은 책들이 나와 있지만 천박한 책과 존귀한 책이 있습니다. 어떤 책이 천박한 책일까요? 우상숭배와 음행 등으로 영혼과 육체를 더럽히는 책입니다.

어떤 책이 귀한 책일까요? 하나님과의 만남을 통해 변화된 책입니다. 하나님을 만난 내 인생은 존귀합니다.

나는 의와 성령 충만, 건강과 부요, 지혜와 평화와 생명을 누리며 살고 있습니다. 천국 같이 살다가 천국으로 갑니다. 나는 이런 내용을 책에 담고 있습니다. 당신도 당신의 행복한 삶의 이야기를 책에 담아내기 바랍니다.

"책에 써서 후세에 영원히 있게 하라."(사 30:8)

종일 기도. 제 6 부 - 김열방

# 기도로 응답의 씨앗을 뿌리라

## 기도는 씨앗을 뿌리는 것이다

기도는 씨앗을 뿌리는 것과 같습니다.

나는 기도로 '응답의 씨앗'을 매일 뿌립니다. 그리고 시간이 지나면 그 씨앗에서 싹이 나고 열매가 맺힙니다.

하나님은 말씀으로 천지를 창조하셨고 사람은 기도로 하나님의 마음을 움직입니다. 하나님의 일은 하나님 편에서는 말씀으로 시작되고 사람 편에서는 기도로 시작됩니다. 기도로 시작되지 않은 하나님의 일이 과연 있을까요?

하나도 없습니다. 많은 사람들이 먹고 마시고 자고 놀고 공부하고 일하고 여행하는 등 다른 모든 것을 하면서 기도하지 않습니다. 기도로 하나님의 가슴을 두드리세요.

나는 큰 꿈을 가진 한 청년에게 말했습니다.

"기도해야 합니다. 하루에 3시간 이상 기도하세요. 한나절을 기도하세요. 온종일 기도하세요. 하나님은 기도하는 사람을 쓰십니다. 내가 하나님께 쓰임 받는 것은 기도하기 때문입니다. 기도하지 않는 사람은 자기 힘으로 뭔가를 할 수 있다고 여기는 교만한 사람입니다. 기도하겠다고 무릎 꿇으면 하나님이 일하기 시작합니다. 기도에 헌신하세요. 하나님은 기도 응답을 통해서만 일하십니다."

성경은 전부 기도해서 응답 받은 이야기입니다.

당신도 하루에 3시간 이상 기도하기 바랍니다.

## 종일 기도하는 방법

당신은 몇 시간까지 기도해 보았습니까?

나는 서울대, 동경대, 하버드대를 졸업하는 것보다 골방에 들어가서 기도를 배운 것이 내 인생에 있어 가장 큰 복이라고 생각합니다. 하나님의 사람은 숨이 멎는 그 순간까지 기도해야 합니다. 에녹과 모세가 그랬습니다.

에녹은 300년 동안 하나님과 사귀며 동행했습니다.

"에녹은 육십오 세에 므두셀라를 낳았고 므두셀라를 낳은 후 삼백 년을 하나님과 동행하며 자녀들을 낳았으며 그는 삼백육십오 세를 살았더라."(창 5:21~23)

모세는 죽을 때까지 영감이 흐려지지 않았습니다.

"모세가 죽을 때 나이 백이십 세였으나 그의 눈이 흐리지 아니하였고 기력이 쇠하지 아니하였더라."(신 34:7)

성경에서 "눈이 흐리지 않았다"고 표현하는 것은 단순히 육체의 시력만 말하는 것이 아닙니다. 영안입니다.

기도하지 않은 엘리 제사장 때는 어땠습니까?

"엘리의 눈이 점점 어두워 가서 잘 보지 못하는 그 때에 그가 자기 처소에 누웠고 하나님의 등불은 아직 꺼지지 아니하였으며."(삼상 3:2~3) 여기서 세 가지를 말합니다.

첫째, 눈이 점점 어두워 가서 잘 보지 못하게 되었다.

둘째, 그가 자기 처소에 누웠다.

셋째, 하나님의 등불은 아직 꺼지지 아니하였다.

성령의 불이 꺼지기 직전이었다는 말입니다.

기도하지 않은 엘리 제사장의 결말은 비참했습니다.

"엘리가 자기 의자에서 뒤로 넘어져 문 곁에서 목이 부러져 죽었으니 나이가 많고 비대한 까닭이라."(삼상 4:18)

그때 어린 사무엘에게 하나님의 말씀이 임했습니다.

사무엘은 누구입니까? 기도의 여인 한나가 술 취한 듯이 울며 기도해서 응답으로 낳은 아들입니다. 그런 아들 사무엘 선지자의 일생은 오직 기도와 말씀이었습니다.

그는 말했습니다. "나는 너희를 위하여 기도하기를 쉬는 죄를 여호와 앞에 결단코 범하지 아니하고 선하고 의로운 길을 너희에게 가르칠 것인즉……."(삼상 12:23)

기도하면 평생 능력을 잃지 않습니다.

아무리 어릴 때 눈물을 펑펑 쏟으며 은혜를 많이 받고 젊을 때 날고뛰는 대단한 사역자였다 할지라도 기도하지 않으면 능력이 사라집니다. 기도하지 않으면 거룩함을 잃고 마귀의 밥이 됩니다. 기도하지 않으면 육신을 따라 살게 되고 금방 타락합니다. 기도하고 또 기도하십시오.

한나절이나 온종일 금식하며 기도하십시오. 80세에 은퇴했다고요? 120세까지 40년간 더 깨어 기도하십시오.

한 목사님은 젊을 때 하나님께 귀하게 쓰임 받다가 노년에 정치한다고 돌아다니기 시작하면서부터 능력을 다 잃고 말았습니다. 그는 그래도 괜찮다고 생각했습니다.

'능력이 그렇게 많이 나타나도 다 별거 아니야. 수십 년 목회했는데, 내가 섬기는 교회가 200명밖에 안 되었어. 수만 명이 될 줄 알았는데 이게 뭐야? 노회에 가서 정치하니까 다들 나를 인정하잖아. 내가 노회장이 되었어. 내 사진도 노회 사무실에 크게 걸렸어. 더 이상 뭘 원하겠어.'

그분은 정치한다고 돌아다니느라 예배 시간도 빼먹었습니다. 그냥 빼먹은 것이 아니라 잊었습니다. 머리털이 잘린 삼손과 같았습니다. 어린 사무엘이 눈이 어둡고 몸이 비대해진 엘리 제사장을 시종 들었듯이 나는 그 목사님의 차를 닦고 물을 떠다 주고 심부름하며 시종 들었습니다.

그러나 나는 그분처럼 살지 않기로 결단했습니다.

나는 그분을 내 평생의 거울로 삼았습니다.

'나는 절대로 그렇게 살지 않을 거야. 내가 살아 숨 쉬는 한 평생 기도할 거야. 능력 없는 인생은 비참해.'

당신도 평생 기도하기로 결심하기 바랍니다.

한 목사님이 80년 동안 엄청난 능력을 나타내며 수많은 병자를 고치고 귀신을 쫓아내며 전국과 세계를 다니며 복음을 전하고 또 대형 교회를 세웠는데, 81세에 기도하지 않으므로 악한 영에게 미혹되어 죄를 짓고 말았습니다.

나는 그 모습을 보며 가슴 아파 주님께 물었습니다.

"주님, 왜 그런 일이 생겼습니까? 그분은 법이 없어도 산다고 할 정도로 인격이 뛰어난 분이라고 들었습니다."

주님은 내게 이렇게 말씀하셨습니다.

'기도는 죽는 그날까지 계속 해야 하는 것이다. 80년 기도했다고 그 이후로 안 해도 되는 것이 아니다. 천국에 가는 그날까지 시험에 들지 않도록 깨어 기도해야 한다.'

그동안 기도를 많이 했으니 이젠 안 해도 된다고요?

마귀의 거짓말에 속지 마십시오. 마귀는 속삭입니다.

'네가 그렇게 오래 기도한다고 무슨 소용이 있어. 다 소용 없는 짓이야. 다른 사람들은 기도하지 않아도 다들 잘 되고 있잖아. 기도한다고 시간 다 보내면 언제 일할래?'

나는 그런 마귀를 꾸짖고 대적합니다.

"예수 이름으로 명하노니 마귀야, 물러가라."

예수님은 분명히 말씀하셨습니다. "기도 외에 다른 것으로는 이런 종류가 나갈 수 없느니라."(막 9:29)

예수님이 그렇다면 그런 것입니다. 이런 종류의 능력은 기도 외에 다른 것으로는 절대로 안 된다는 것입니다.

신앙의 거성들은 모두 기도의 사람이었습니다.

루터, 칼뱅, 존 번연, 웨슬레, 그룬트비, 찰스 피니, 무디, 스펄전, 빌리 그래함, 주기철, 최권능, 이성봉, 길선주, 김익두, 손양원 등은 모두 쉬지 않고 평생 기도했고 평생 능력이 있었습니다. 데이비드 브레이너드는 말했습니다.

"나는 종일 오두막집에서 혼자 기도하는 것이 좋다."

나도 화려한 조명을 받으며 무대에 서는 것보다 기도의 골방에서 하나님을 독대하며 종일 보내는 것이 더 좋습니다. 사람의 영광보다 하나님의 영광이 더 좋습니다.

나는 '종일 기도'하기로 작정하고 헌신했습니다.

처음에는 한 달에 한 번 그렇게 하기로 작정했습니다.

1년에 12번입니다. 그 다음엔 일주일에 한 번 그렇게 하기로 작정했습니다. 1년에 52번입니다. 지금은 매일 그렇게 하기로 작정했습니다. 1년에 365번입니다.

그럼 하루도 빠지지 않고 매일 그렇게 하냐고요? 그런 의미가 아닙니다. 기본적으로 그런 생활 방식을 갖겠다고 내 마음에 정했다는 말입니다. 새벽기도 하는 것처럼.

그렇게 마음먹으니 1년에 65일 일이 생겨 종일 기도를 하지 못해도 300일은 할 수 있습니다. 이것은 율법이 아닌 자원하는 심령입니다. 나는 즐거운 마음으로 기도에 헌신하기로 선택했습니다. 하나님은 기도에 헌신한 사람을 찾고 계십니다. "여호와의 눈은 온 땅을 두루 감찰하사 전심으로 자기에게 향하는 자들을 위하여 능력을 베푸신다"(대하 16:9)고 했습니다. 기도에 헌신하십시오. 그러면 평생 권능이 나타날 것입니다. 지금이 주의 권능의 날이며 지금이 기도에 헌신할 날입니다. "주의 권능의 날에 주의 백성이 거룩한 옷을 입고 즐거이 헌신하니 새벽이슬 같은

주의 청년들이 주께 나오는도다."(시 110:3)

## 한 사람이 치유 받아도 큰 것이다

당신이 기도해 주므로 변화된 사람이 있습니까?

나는 그런 사람이 많습니다. 하나님은 주의 종의 손을 통해 일하십니다. 초대교회는 이런 기도를 했습니다.

"주여, 이제도 그들의 위협함을 굽어보시옵고 또 종들로 하여금 담대히 하나님의 말씀을 전하게 하여 주시오며 '손을 내밀어' 병을 낫게 하시옵고 표적과 기사가 거룩한 종 예수의 이름으로 이루어지게 하옵소서."(행 4:29~30)

당신이 손을 내밀어 기도할 때 병이 낫습니다. 하지만 기도하지 않고 그냥 손을 내민다고 되는 것이 아닙니다.

기도를 많이 하고 안수할 때 당신의 손에 전류처럼 성령의 기름 부음이 흐르게 됩니다. 그런 능력의 손을 내밀어야 기적이 일어나는 것입니다. 내가 손을 내밀어 사람들의 머리에 얹으면 성령의 권능이 나타나고 그 속에 숨어 있던 악한 영들이 소리를 지르며 정체를 드러냅니다.

"안 가, 왜 나를 쫓아내려고 해. 나를 괴롭히지 마."

"언제 들어갔어? 이 사람에게 무슨 짓을 했어?"

"얘를 죽이려고 몰래 들어갔어. 물에도 불에도 던졌어. 이 사람 속에 생긴 아기도 몇 명 죽였다. 다 내가 그랬어."

"예수 이름으로 명하노니 나가라."

"아악, 나갈게."

그렇게 악한 영이 쫓겨 나가고 나면 그 사람이 온전한 사람으로 변화됩니다. 아기를 못 낳던 사람이 아기를 낳고, 공황 장애, 우울증, 분노와 미움, 각종 불치의 병이 사라집니다. 이런 기적은 작은 일이 아닙니다. 큰일입니다.

내가 몇 시간 기도한 후에 믿음으로 안수하면 성령의 능력이 전류처럼 흘러 들어갑니다. 많은 경우, 내 손을 통해 성령의 불이 임하여 그 사람 속에 있는 악한 영들을 심판합니다. 눈에서도 불이 나갑니다. 그 불을 보며 악한 영이 무섭다고 떠납니다. 이것이 정상입니다. 귀신이 당신을 두려워해야 하는데 당신이 귀신을 두려워하지 않습니까?

기도하지 않아서 그렇습니다. 10분, 20분 정도가 아닌 몇 시간 또는 종일 기도하십시오. 기도를 멈추면 마귀에게 당합니다. 다시 기도하는 일에 힘쓰십시오. 기도 안 해도 예수 이름만 사용하면 능력이 나타나지 않느냐고요?

그렇지 않습니다. 성경을 읽고 깨달음을 얻으십시오.

"하나님이 바울의 손으로 놀라운 능력을 행하게 하시니 심지어 사람들이 바울의 몸에서 손수건이나 앞치마를 가져다가 병든 사람에게 얹으면 그 병이 떠나고 악귀도 나가더라. 이에 돌아다니며 마술하는 어떤 유대인들이 시험삼아 악귀 들린 자들에게 주 예수의 이름을 불러 말하되 내가 바울이 전파하는 예수를 의지하여 너희에게 명하노라 하더라. 유대의 한 제사장 스게와의 일곱 아들도 이 일을 행하더니 악귀가 대답하여 이르되 내가 예수도 알고 바울도 알거니와 너희는 누구냐 하며 악귀 들린 사람이 그들에게 뛰어올라 눌러 이기니 그들이 상하여 벗은 몸으로 그 집에서 도망하는지라."(행 19:11~16)

당신도 혹시 능력이 없어 이런 수치를 당하지 않았습니까? 금식하며 기도하십시오. 능력을 구하십시오.

## 더 큰 능력을 달라고 간구하라

초대교회는 간절히 빌며 큰 능력을 구했습니다.

"빌기를 다하매 모인 곳이 진동하더니 무리가 다 성령이 충만하여 담대히 하나님의 말씀을 전하니라."(행 4:31)

그 다음 구절에 보면, 사도들은 '큰 권능'으로 말씀을 전했고 무리는 '큰 은혜'를 받았다고 나옵니다.(행 4:33)

우리도 빌기를 다하는 기도를 해야 합니다.

집중해서 빌기를 다하는 기도에 하나님의 능력이 역사합니다. 나는 교회에서, 사택에서 큰 능력을 달라고 빌기를 다하는 기도를 합니다. 그리고 사람들에게 손을 얹으면 기적이 일어납니다. 어떤 사람은 기도가 너무 힘들다고 말합니다. "그렇게 몇 시간씩 기도하면 힘들지 않나요?"

내가 기도한다고 하루 힘들지라도 그로 인해 다른 사람들이 내게 안수 받고 인생이 완전히 변화된다면 그것이 얼마나 귀한 일이며, 어찌 작은 일이라 하겠습니까?

최첨단 무기를 모두 동원해도 귀신은 눈 하나 깜짝하지 않습니다. 그런데 기도를 많이 하고 예수 이름으로 명령을 내리면 숨어 있던 귀신이 정체를 드러내며 쫓겨 나갑니다.

내가 안수한 사람들 중에 헤아릴 수 없는 많은 사람들이 성령을 체험하고 방언을 받았습니다. 집회 중에 회개의 영이 임하여 강퍅한 교회가 변화되었습니다. 악한 영이 정체를 드러내고 쫓겨 나갔습니다. 더러운 귀신, 악한 귀신, 거짓말하는 귀신, 점치는 귀신, 불신의 귀신, 음란의 귀신, 병의 귀신이 쫓겨 나가고 자유를 얻었습니다.

이것이 작은 일이 아닙니다. 아주 큰일입니다.

예수님이 오시기 전까지 4천 년 동안 귀신이 쫓겨 나가며 병이 낫는 사건이 없었습니다. 예수님이 나타나신 후부터 하나님의 나라가 권능으로 임했고 귀신들이 회당과 길에서 정체를 드러내며 쫓겨 나갔습니다. "하나님의 아들이 나타나신 것은 마귀의 일을 멸하려 하심이라."(요일 3:8)고 했습니다. 마귀는 눈에 보이는 현상으로 속입니다.

'그런 건 작은 일이야. 그렇게 안수 받았지만 너희 교회 교인으로 등록 안 하고 다 자기 있던 곳으로 떠났잖아.'

사람들이 '니 교회, 내 교회'를 따지며 등록시키려고 애쓰지 사실 우리 모두는 '예수님의 교회' 교인입니다.

우리 교회 한 전도사님은 많은 사람을 전도했습니다.

그런데 그들이 다 우리 교회에 등록한 것이 아니라 다른 교회에 다니고 있습니다. 그래도 괜찮습니다. 하나님이 기뻐하시고 칭찬하십니다. 그렇게 전도해서 지역 교회들이 크게 성장하고 부흥하는 것이 하나님의 뜻입니다.

이러한 전도를 통해 하늘에서는 날마다 잔치가 열리고 있습니다. "내가 너희에게 이르노니 이와 같이 죄인 한 사람이 회개하면 하늘에서는 회개할 것 없는 의인 아흔아홉으로 말미암아 기뻐하는 것보다 더하리라."(눅 15:7)

여기에 분명히 "하늘에서는"이라고 했습니다.

하늘에서 열리는 잔치를 바라보고 전도하십시오.

땅에서 큰 자가 되려고 하지 말고 하늘에서 큰 자가 되십시오. 사람의 눈에 큰 자가 되려고 하지 말고 하나님의 눈에 큰 자가 되려고 하십시오. 세례 요한이 그랬습니다.

그는 사람이 볼 때 성공한 자가 아닌 헤롯왕에게 목이 잘려 실패한 자였습니다. 하지만 하나님의 눈에는 성공한 자였습니다. 예수님은 세례 요한을 칭찬하셨습니다.

"너희는 무엇을 보러 광야에 나갔더냐? 바람에 흔들리는 갈대냐? 아니면 화려한 옷을 입은 사람이냐? 화려한 옷을 입은 사람은 왕궁에 있다. 아니면 예언자를 보려고 나갔더냐? 내가 너희에게 말한다. 그는 예언자보다 더 훌륭한 사람이다. 여자가 낳은 사람 가운데서 세례자 요한보다 더 큰 인물은 없었다."(마 11:7~11)

## 하나님은 기도하는 사람을 쓰신다

당신은 흑인, 백인, 황인, 어떤 사람입니까?

나는 황인종이지만 하나님은 그런 것을 보지 않으십니다. 나라와 인종에 상관없이, 외국어를 잘하고 못하고 상관없이, 하나님은 오직 기도하는 사람을 찾아 쓰십니다.

영국의 유명한 작가이자 웨스트민스터채플에서 25년간 목회한 R. T 켄달 목사님이 이런 말을 했습니다.

"나는 그동안 의자에 앉아서만 기도했다. 그런데 최근에 골방에서 무릎 꿇고 10분간 기도해 보니 이렇게 기도할 수도 있다는 생각이 들었다. 좀 낯설긴 했지만 내 마음은 좋았다. 앞으로도 자주 무릎 꿇고 기도할 것이다."

예수님은 무릎 꿇고 기도하셨습니다. "그들을 떠나 돌 던질 만큼 가서 무릎을 꿇고 기도하여."(눅 22:41)

사도 바울도 무릎 꿇고 기도했습니다. "이름을 주신 아버지 앞에 무릎을 꿇고 비노니."(엡 3:15)

구약에 보면, 한 나라의 왕인 솔로몬도 무릎 꿇고 기도하고 간구한 장면이 나옵니다. "솔로몬이 무릎을 꿇고 손을 펴서 하늘을 향하여 이 기도와 간구로 여호와께 아뢰기를 마치고 여호와의 제단 앞에서 일어나."(왕상 8:54)

무릎 꿇고 기도하는 사람들이 많이 생겨야 합니다.

"그러면 무릎이 아파요. 다리도 저리고요."

나도 무릎 꿇고 오래 앉아 있으면 다리가 저려 옵니다.

그러면 일어나서 기도하고, 걸으면서 기도합니다.

다리 저린 것이 좀 좋아지면 다시 무릎 꿇고 기도합니다. 계속 무릎 꿇고 오래 기도해야 하는 것은 아닙니다.

몇 시간씩 기도하려면 다양한 방법으로 기도하는 것이 좋습니다. 나는 한 자세로 기도하면서 허리나 다리, 어깨가 좀 아프면 일어나 걷기도 하고 스트레칭도 합니다. 하나님은 사람의 외모를 보지 않으시고 중심을 보십니다.

우리가 기도할 때도 그분은 간절함을 보십니다. 그러므

로 능력과 지혜를 더 많이 달라고 빌기를 다하는 기도를 종종 해야 합니다. 예수님도 무릎 꿇고 빌기를 다하는 기도를 하셨습니다. 히브리서 5장 7절을 보십시오.

"그는 육체에 계실 때에 자기를 죽음에서 능히 구원하실 이에게 심한 통곡과 눈물로 간구와 소원을 올렸고 그의 경외하심을 인하여 들으심을 얻었느니라."

나도 때로는 심한 통곡과 눈물로 간구와 소원을 올립니다. 우리가 무릎을 꿇고 간절히 구하는 것은 하나님을 경외하고 의지한다는 말입니다. "내 힘으로는 할 수 없사오니 하나님께서 기적을 베풀어 주소서."

오늘도 나는 하나님의 초자연적인 기적을 경험했습니다. 귀신이 쫓겨 나가는 것이든, 병이 치유되는 것이든, 수천만 원의 돈이 들어오는 것이든, 수억 원의 대출금을 갚는 것이든, 내 힘으로는 못합니다. 그래서 기도합니다.

사실 나는 밖에 나가면 10원짜리 동전 하나 벌거나 줍지 못합니다. 그런데 기도하면 하나님이 필요한 돈을 주십니다. 세상 사람들은 조롱하고 농담하듯이 말합니다.

"기도한다고 밥이 나오니? 돈이 나오니?"

기도하면 밥이 나오고 돈이 나옵니다. 모세가 기도하자 430년 애굽에서 종살이하던 이스라엘 백성들이 열 가지 기적을 통해 자유를 얻고 나왔습니다. 그때 애굽 사람들이 내준 은금과 패물과 의복을 보따리로 싸 들고 나왔습니다.(출 12:35~36) 광야에서도 모세가 기도하자 반석에서 물이 터졌고 하늘에서 만나와 메추라기가 쏟아졌습니다.

나는 오늘도 기도했습니다. 그런데 밥이 나왔고 돈이 나왔습니다. 물론 그런 것보다 억만 배나 귀한 하나님의 은혜와 말씀이 폭포수처럼 내 영혼에 쏟아졌습니다. 농담하더라도 기도하는 사람에 대해서는 삼가야 합니다.

기도하는 사람을 한 명이라도 만났다면 그를 대통령 같이 귀하게 여기고 존중하십시오. 그 사람이 한 마디 한 것이 당신에게 다 이루어질 것입니다. 하나님은 기도하는 사람의 말을 다 듣고 계시며, 그가 말한 대로 이루어 주십니다. 나는 사람들에게 입버릇처럼 말합니다.

"하루 만에 다 주십니다."

그러면 어떤 사람은 비웃습니다.

"그런 농담하지 마세요. 자고로 사람은 땀 흘리며 노력하고 자기 힘으로 돈 벌어 저축하면서 살아야 해요."

나는 말합니다. "작은 부자는 성실함에서 나지만 큰 부자는 하나님이 선물로 부를 안겨 주셔야 가능합니다."

실제로 하나님이 내게 그런 기적을 행하시는 것을 보면 다들 입 다물고 잠잠해집니다. 그리고 얼마 후에는 그들도 나처럼 기도 응답의 기적을 경험하고 이렇게 외칩니다.

“와와와, 정말 기적이 일어났어요. 하나님이 하루 만에 다 주셨습니다.”

하나님이 응답하실 때는 1년치, 10년치, 100년치를 주십니다. 하루에 1억, 10억, 100억도 주십니다. 수십 년간 힘들게 했던 빚도 하루 만에 다 갚게 하십니다.

“그 여인이 하나님의 사람에게 나아가서 말하니 그가 이르되 너는 가서 기름을 팔아 빚을 갚고 남은 것으로 너와 네 두 아들이 생활하라 하였더라.”(왕하 4:7)

예수님은 “내 이름으로 무엇이든 구하라. 그러면 내가 행하겠다”고 약속하셨습니다. 여기에는 말 그대로 어떤 제한도 없습니다. 무엇이든지 기도하면 다 주십니다.

그것도 하루 만에 주십니다. 하나님은 교회 성장도 하루 만에 다 주십니다. 하루에 100명씩 등록하고 한 달에 3,000명이 됩니다. 하루에 3,000명이 등록하기도 합니다. 기적이 일어납니다. 한 목사님이 간증했습니다.

“요즘은 주일마다 새 신자가 100명씩 등록하니 감당이 안 될 정도입니다. 이런 기도 응답이 진짜로 올 줄은 꿈에도 몰랐어요. 처음엔 설렜지만 지금은 두렵습니다.”

하나님이 기적을 행하시면 두려운 일이 많이 일어납니다. 네 명의 나병환자들이 그런 기적을 경험했습니다.

“성문 어귀에 나병환자 네 사람이 있더니, 아람 진으로 가려 하여 해 질 무렵에 일어나 아람 진영 끝에 이르러서 본즉 그 곳에 한 사람도 없으니 이는 주께서 아람 군대로 병거 소리와 말 소리와 큰 군대의 소리를 듣게 하셨으므로 아람 사람이 서로 말하기를 이스라엘 왕이 우리를 치려하여 헷 사람의 왕들과 애굽 왕들에게 값을 주고 그들을 우리에게 오게 하였다 하고 해질 무렵에 일어나서 도망하되 그 장막과 말과 나귀를 버리고 진영을 그대로 두고 목숨을 위하여 도망하였음이라."(왕하 7:3~7)

기도는 모든 불가능을 가능케 합니다. 다시 골방에 엎드려 기도하십시오. 더 많이, 더 간절히 기도하십시오.

아무것도 제한하지 말고 기도하십시오. 운명이라고 생각하는 모든 것을 거부하십시오. 죄와 목마름, 병과 가난, 어리석음과 징계, 죽음 등 어떤 것도 당신의 운명이 아닙니다. 예수님이 당신의 운명을 다 짊어지고 죽으셨습니다.

그분이 말씀했습니다. "다 이루었다."(요 19:30)

미국에는 하루에 5분, 10분 정도만 기도하는 목사님들이 많습니다. 물론 1시간 이상 기도하는 목사님도 많습니다. 당신은 어떻습니까? 3시간 5시간 7시간 종일 기도해 보지 않겠습니까? 1년에 하루라도, 한 달에 하루라도, 일주일에 하루라도 종일 기도에 헌신하십시오.

종일 기도. 제 7 부 – 김열방

# 예수님과 함께 종일 기도하라

## 기도자 예수님이 내 안에 계신다

당신은 기도자 예수님을 아십니까?

나는 아침에 눈을 뜨면 '기도자 예수님'께 도움을 구합니다. 기도자 예수님에 대해 처음 듣는 말이라고요?

예수님은 구원자, 축사자, 치유자, 세례자, 공급자이십니다. 그분은 구원하시고 귀신을 내쫓고 병을 고치고 성령과 불로 세례를 주시고 모든 것을 공급하시는 분입니다.

또한 그분은 기도자이십니다.

성경은 기도자 예수님에 대해 자세히 말씀합니다.

첫째, 예수님은 새벽에 기도하셨습니다.

“새벽 아직도 밝기 전에 예수께서 일어나 나가 한적한 곳으로 가사 거기서 기도하시더니.”(막 1:35)

둘째, 예수님은 동일한 말씀으로 기도하셨습니다.

“다시 나아가 동일한 말씀으로 기도하시고.”(막 14:39)

셋째, 예수님은 한적한 곳에서 기도하셨습니다. “예수는 물러가사 한적한 곳에서 기도하시니라.”(눅 5:16)

넷째, 예수님은 밤이 새도록 기도하셨습니다.

“이때에 예수께서 기도하시러 산으로 가사 밤이 새도록 하나님께 기도하시고.”(눅 6:12)

다섯째, 예수님은 제자들을 데리고 기도하러 자신이 마음에 정한 장소에 가셨습니다. “이 말씀을 하신 후 팔 일쯤 되어 예수께서 베드로와 요한과 야고보를 데리고 기도하시러 산에 올라가사.”(눅 9:28)

여섯째, 예수님은 기도를 가르치셨습니다.

“예수께서 한 곳에서 기도하시고 마치시매 제자 중 하나가 여짜오되 주여 요한이 자기 제자들에게 기도를 가르친 것과 같이 우리에게도 가르쳐 주옵소서. 예수께서 이르시되 너희는 기도할 때에 이렇게 하라 아버지여 이름이 거룩히 여김을 받으시오며 나라가 임하시오며.”(눅 11:1~2)

일곱째, 예수님은 힘쓰고 애써 간절히 기도하셨습니다.

"예수께서 힘쓰고 애써 더욱 간절히 기도하시니 땀이 땅에 떨어지는 핏방울 같이 되더라."(눅 22:44)

여덟째, 예수님은 심한 통곡과 눈물로 기도하셨습니다.

"그는 육체에 계실 때에 자기를 죽음에서 능히 구원하실 이에게 심한 통곡과 눈물로 간구와 소원을 올렸고 그의 경건하심으로 말미암아 들으심을 얻었느니라."(히 5:7)

아홉째, 예수님은 항상 살아서 우리를 위하여 간구하십니다. "그러므로 자기를 힘입어 하나님께 나아가는 자들을 온전히 구원하실 수 있으니 이는 그가 항상 살아 계셔서 그들을 위하여 간구하심이라."(히 7:25)

그렇습니다. 예수님은 기도자이십니다.

히브리서 13장 8절에 "예수 그리스도는 어제나 오늘이나 영원토록 동일하시니라"고 했습니다. 예수님은 어제도 기도하셨고 오늘도 기도하시고 영원토록 기도하십니다.

## 주와 합하는 자는 한 영이다

예수님은 살아 계십니다. 어디에 살아 계십니까?

그분은 부활 승천하신 후에 하늘 보좌에 앉아 계십니

다. 우리는 보통 그분이 그곳에서 우리를 위해 기도하실 거라고 생각합니다. 맞습니다. 하지만 더욱 놀라운 사실이 하나 있습니다. 무엇일까요? 그분이 내 안에 살아 계신다는 것입니다. "예수 그리스도께서 너희 안에 계신 줄을 너희가 스스로 알지 못하느냐?"(고후 13:5) "예수께서 우리를 위하여 죽으사 우리로 하여금 깨어 있든지 자든지 자기와 함께 살게 하려 하셨느니라."(살전 5:10)

그리고 그분은 내 안에서 내가 영으로 기도할 때 함께 기도하십니다. 이것이 곧 '성령으로 기도하는 것'입니다.

"성령으로 기도하며."(유 1:20)

바울은 "주와 합하는 자는 한 영이니라"(고전 6:17)고 했습니다. 내 영은 주의 영과 합하는 '연합의 기능'을 합니다. 내 몸은 주의 영을 모시는 '성전의 기능'을 합니다. 내 마음은 주의 영의 음성을 듣는 '친교의 기능'을 합니다.

내 몸은 하나님의 성전 곧 지성소가 되었습니다.

내 안에 생수의 강으로 가득히 들어와 계시고 또 나를 덮고 계신 성령님은 예수의 영이십니다. 성경을 보십시오.

의사 누가는 성령을 '예수의 영'이라고 했습니다.

"성령이 아시아에서 말씀을 전하지 못하게 하시거늘 그들이 브루기아와 갈라디아 땅으로 다녀가 무시아 앞에 이르러 비두니아로 가고자 애쓰되 '예수의 영'이 허락하지

아니하시는지라."(행 16:6~7)

예수의 영이신 성령님이 내 안에서 기도하십니다.

로마서에 이 사실을 명확하게 표현합니다. "이와 같이 성령도 우리의 연약함을 도우시나니 우리는 마땅히 기도할 바를 알지 못하나 오직 성령이 말할 수 없는 탄식으로 우리를 위하여 친히 간구하시느니라. 마음을 살피시는 이가 성령의 생각을 아시나니 이는 성령이 하나님의 뜻대로 성도를 위하여 간구하심이니라."(롬 8:26~27)

성령님은 어디 계십니까? 우리 안에 계십니다.

그러므로 기도할 때 성령님의 도우심을 구해야 합니다.

나는 내 힘으로 기도하지 않습니다. 내 힘으로 기도할 수 없습니다. 기도하고 싶은 마음이 일어나지도 않습니다.

그런데 어떻게 그리 오랜 시간 기도할 수 있을까요?

내 힘으로 하는 것이 아닙니다. 나는 하나님이 내게 주신 자유 의지로 기도하겠다고 뜻을 정할 뿐입니다. 그리고 아침에 눈을 뜨면 성령님께 도움을 구합니다.

"내 안에 살아 계신 예수의 영이여, 기도하소서. 기도하소서. 나를 통해 기도하소서. 종일 기도하소서."

그러면 예수의 영이신 성령님께서 나를 통해 기도하십니다. 당신도 예수의 영에게 부탁하십시오.

나는 기도하겠다고 뜻을 정하고 성령님께 도움을 구하

기만 한 것입니다. 그렇게 한 날은 내 안에 계신 성령님이 일어나 나를 통해 기도하십니다. 나는 내 몸을 성령님께 양도하므로 하나님이 기뻐하시는 산 제물로 드립니다.

"성령님, 제 몸을 양도합니다."

당신도 종일 기도를 하고 싶습니까?

그렇다면 하루를 시작할 때 성령님께 당신의 몸을 양도하십시오. 그리고 기도자이신 예수님께 도움을 구하십시오. 입을 열어 이렇게 말씀드리면 됩니다.

"예수의 영이여, 저를 통해 종일 기도해 주세요."

그러면 종일 기도가 쉽습니다.

종일 기도. 제 8 부 – 김열방

# 기도하지 않으면 비참해진다

## 기도하지 않으면 비참해진다

당신은 왜 기도하지 않습니까?

나도 기도하지 않은 적이 며칠 있습니다. 종일 사람들을 만나러 돌아다닌다고, 종일 염려 근심한다고 기도하지 않았습니다. 초대교회는 과부를 접대하는 일에 빠져 기도하지 않았습니다. "접대를 일삼았다"고 했습니다.

접대하는 것을 일로 삼은 것입니다. 그 후로 과부들의 원망과 불평이 터져 나왔고 교회에 큰 혼란이 왔습니다.

사도들은 이대로 가면 큰일 나겠다 싶어 마음을 다잡고 기도하기로 결심했습니다. "우리는 오로지 기도하는 일과 말씀 사역에 힘쓰리라."(행 6:4)

## 기도만 한다고 되나요?

사람마다 기도하는 이유도 있고 또 기도하지 않는 이유도 있을 것입니다. 사람들이 기도하지 않는 이유를 말합니다. "요즘 바빠서 기도할 시간이 없어요."

어떤 사람은 이렇게 말합니다.

"기도만 한다고 되나요? 바쁘게 움직여야죠?"

맞는 말 같습니다. 하지만 바쁘게 움직인다고 문제가 해결되는 것은 아닙니다. 오히려 문제가 더 곪고 커져 암덩이가 될 수도 있습니다. 기도하지 않는 사람에 대해 사탄은 비웃습니다. 베드로는 기도하지 않고 떵떵거리며 큰소리만 쳤습니다. "모두 주를 버릴지라도 나는 결코 버리지 않겠습니다."(마 26:33) 다른 제자들도 다들 그렇게 말했습니다. 하지만 결과는 비참했습니다.

사탄이 그들을 이겼고 그들은 완전히 패배했습니다.

승리하신 분은 오직 예수님 한 분 뿐이었습니다. 그 비결은 다가올 시험 앞에서 하나님께 바짝 엎드려 땀방울이 핏방울이 되도록 간절히 기도하셨기 때문입니다.

그분이 말씀하셨습니다.

"시험에 들지 않게 깨어 기도하라."(마 26:41)

기도하지 않고 자신이 강하고 지혜롭다고 큰소리치는 사람은 바람만 가득한 풍선 같은 인간입니다. 그런 사람이 진짜 허풍선이입니다. 기도하는 사람은 허풍선이가 아닙니다. 성령의 권능이 가득한 바위 같은 사람입니다.

베드로가 그랬습니다. 그가 자기를 믿고 기도하지 않았을 때는 바람에 흔들리는 갈대와 같았지만 성령이 임하고 기도하는 순간부터 반석 같이 되었고 음부의 권세가 이기지 못하는 믿음의 사람이 되었습니다. 당신은 어떤 사람이 되기 원합니까? "그래도 움직여야 하지 않나요?"

맞습니다. 나도 움직입니다. 내가 움직였기 때문에 지금까지 많은 사역을 감당할 수 있었습니다. 하지만 나는 충분히 기도하고 성령님의 음성을 따라 움직입니다.

## 바쁠수록 기도 시간을 챙기라

당신은 기도에 최우선 순위를 둡니까?

바쁘다고요? 바쁠수록 더 많이 기도해야 합니다.

나는 사람들을 만나는 스케줄을 많이 잡지 않습니다.

사람들은 내게 묻습니다. "요즘 많이 바쁘시죠?"

나는 바쁘다고 말합니다. "시간이 많아요"라고 말하면 그들은 시간을 자기에게 달라고 요구할 것입니다.

나는 진짜로 바쁩니다. 어떤 일로 바쁠까요? 과부를 접대하는 일이 아닌 기도하는 일과 말씀 사역에 바쁩니다.

내 스케줄 앱에는 365일 나의 기도 시간이 기록됩니다.

기도 스케줄, 이보다 더 큰 일이 어디 있을까요?

내가 그동안 매일 몇 시간씩 기도하고 100권이 넘는 책을 써낼 수 있었던 비결은 어디에 있을까요? 그것은 곧 아침에 한 시간 정도 혼자 조용히 카페에 앉아 책을 읽고 깨달음을 얻는 것, 그리고 저녁에는 노트북을 열고 내 삶과 깨달음을 책에 담아 출간하는 작업을 하는 것, 그리고 낮에는 기도 시간을 뭉치로 챙기는 것에 있습니다.

이 중에서 가장 큰 비중은 '종일 기도'에 있습니다.

루터는 자신의 기도 생활에 대해 말하길 "내가 충분히 기도하지 않고 시작한 하루는 마귀의 밥이 되고 실패한 하루가 된다. 나는 오늘도 해야 할 일이 너무 많기 때문에 기도하기 위해 한 시간 더 일찍 일어났다"고 했습니다.

그는 형식적으로 기도 시간을 채운 것이 아니라 습관을

따라 집중적으로 기도했습니다. 그는 말했습니다.

"장인이 전문적으로 신발과 외투를 만드는 것처럼 그리스도인은 기도의 장인이 되어 전문적으로 기도해야 한다. 다른 그 무엇보다 기도를 최고의 사명으로 여겨야 한다."

전문가들은 어떤 상황에서도 자기 일을 능숙하게 해냅니다. 우리는 기도의 전문가가 되어야 하며, 어떤 상황에서도 기도하는 일을 능숙하게 해내야 합니다. 바울은 "쉬지 말고 기도하라. 모든 기도와 간구를 하라"고 했습니다.

당신은 어디에서 어떻게 기도합니까?

나는 어떤 장소에서든 기도합니다. 어떤 방식으로든 기도합니다. 나는 하루 일과 중 기도에 가장 큰 비중을 둡니다. 기도할 장소가 없다고요? 기도할 분위기가 안 된다고요? 다 핑계일 뿐입니다. 안 된다는 사람은 안 되는 이유와 핑계를 끝도 없이 댈 수 있습니다. 반대로, 된다는 사람은 되는 이유와 조건을 끝도 없이 댈 수 있습니다.

당신은 어떤 사람입니까? 링컨 대통령은 백악관을 기도실로 만들었다고 합니다. 백악관이든 움막이든 들판이든 산이든 차 안이든, 어디서든 기도할 수 있습니다.

나는 아침에 눈뜨면 침대에 걸터앉아 성령님께 말을 걸며 기도합니다. 아니, 눈 뜨기도 전에 기도합니다.

새벽에 침대에 누운 상태로 잠이 깨면 눈을 감은 채로

가장 먼저 기도부터 합니다. 어떤 기도를 할까요? 마음속으로 중얼거리며 일곱 가지 감사의 기도를 합니다.

'성령님, 저에게 많은 복을 주셔서 감사합니다. 첫째, 신복을 주셔서 감사합니다. 제 인생에 있어 하나님과의 만남이 가장 큰 복입니다. 둘째, 인복을 주셔서 감사합니다. 아내와 자녀, 부모, 그리고 많은 사람들을 만나게 해주셔서 감사합니다. 셋째, 이름을 창대케 해주셔서 감사합니다. 넷째, 건강의 복을 주셔서 감사합니다. 다섯째, 물질의 복을 주셔서 감사합니다. 여섯째, 사역의 복을 주셔서 감사합니다. 일곱째, 다 결제하게 해주셔서 감사합니다.'

그리고 눈을 뜨면 성령님께 인사를 드립니다.

"성령님, 안녕하세요? 오늘도 참 좋은 날입니다. 성령님께서 저와 함께 계시니 얼마나 기쁜지 모릅니다."

그 후에 일어나서 세수하고 옷을 차려 입고 교회로 가서 또 기도합니다. 오전에 성령님과 함께 중요한 일을 몇 가지 처리하고 9시부터는 '종일 기도'를 합니다. 점심은 먹지 않습니다. 내가 점심을 안 먹은 것은 오래 되었습니다. 예전에는 샐러드나 계란을 먹었지만 종일 기도를 하고부터는 그런 것이 생각나지 않습니다. 그래도 전날 저녁 식사를 찹쌀현미잡곡밥으로 영양가 100이 넘게 섭취했기 때문에 오후 6시까지 종일 기도를 해도 에너지가 전혀 딸리지 않고 넘칩니다. 기도가 끝나면 집에 가서 아내와 함께 한 시간 정도 산책합니다. 중간에 쉬지 않고 1~2시간 걸어도 지치거나 피곤하거나 힘들지 않습니다.

산책을 마치고 집에 오면 아내는 영양이 가득한 집밥을 준비합니다. 영양이 가득하기 때문에 소식해도 내 잔이 넘칩니다. 나는 '소식' 또는 '반식'합니다. 반식은 반만 먹는 것입니다. 쉽습니다. 밥그릇에 밥을 반만 뜨면 됩니다. 뭐든 반만 먹습니다. 나는 밥공기도 작은 것을 사용합니다.

"반만 먹으면 배로 산다"는 말이 있습니다.

소식하는 것은 건강과 장수에 큰 도움이 됩니다.

다이어트를 하고 싶다고요? 다이어트 하는 방법이 오만 가지나 되는 것이 아닙니다. 딱 한 가지입니다. 적게 먹는 것입니다. 적게 먹고 소박하게 먹으면 살이 빠집니다.

어떤 경우에도 음식을 탐하는 자가 되지 마십시오.

"그의 맛있는 음식을 탐하지 말라."(잠 23:3)

### 하루 만에 다 주십니다

당신은 매일 하나님의 손길을 경험합니까?

나는 날마다 순간마다 그분의 풍성한 채우심의 손길을

경험합니다. 신기하게도 내가 많이 기도하고 적게 움직이면 하나님이 많이 채워 주십니다. 많은 경우 하나님은 '반대의 법칙'에 따라 일하십니다. 사람의 지혜보다 하나님의 미련함이 억만 배나 낫고 사람의 강함보다 하나님의 약함이 억만 배나 낫습니다. 그러므로 기도하며 기도 응답의 은혜로 사십시오. 많이 기도하고 조금 움직이십시오.

기도하고 성령님의 음성을 따라 움직이는 것과 기도하지 않고 군중의 목소리를 따라 움직이는 것은 완전히 다릅니다. 다윗은 기도하고 성령님의 음성을 따라 움직였고 사울은 기도하지 않고 군중의 목소리를 따라 움직였습니다. 그 결과 다윗은 하나님의 마음에 합한 자가 되었고 사울은 하나님의 일에 버림 받았습니다. 사람들은 말합니다.

"당장 눈앞에 일이 벌어졌는데 기도만 한다고 되느냐?"

그렇기 때문에 더욱 깨어 정신을 차리고 기도해야 합니다. 우리가 하나님의 일을 할 때 인간의 힘으로 도저히 해결할 수 없는 크고 강한 문제가 생깁니다. 그럴 때 우울해하지 말고 하나님 앞에 엎드려 종일 기도해야 합니다.

기도하면 성령님의 임재와 기름 부음이 나타납니다.

나는 목회하면서도 내가 감당할 수 없는 문제가 생기면 이렇게 말하곤 했습니다. "오늘부터는 우리 교회 특별 조정 기간입니다. 모든 사람은 잠잠하십시오. 성령님이 직접 임하셔서 사람들을 만지며 문제를 다루실 것입니다."

그러면 진짜 성령님이 회중 위에 임하셔서 문제를 해결하십니다. 초자연적이고 압도적인 임재가 있게 되고 그 결과 며칠 지나면 교회 안의 문제가 깨끗하게 해결됩니다.

## 하나님이 임하셔서 직접 일하신다

당신은 하나님의 일하심을 눈으로 본 적이 있습니까?

나는 그런 일을 종종 경험합니다. 오늘도 하나님이 직접 임하셔서 그분의 손길로 몇 개월간 내가 감당할 수 없었던 중대한 일을 몇 가지 쉽게 해결해 주셨습니다.

대전의 한 교회에서 부흥회를 인도할 때도 그런 일을 경험한 적이 있습니다. 나를 초청한 교회는 아주 악한 집사님 한 분이 교회를 힘들게 하고 있었고 담임 목사를 비롯한 온 교회가 심하게 몸살을 앓고 있었습니다.

나는 그 교회 형편을 전혀 모르는 상태에서 숙소에서 몇 시간 기도하고 나와 강대상에 서서 설교했습니다. 그런데 집회 둘째 날, 성령님이 강하게 임하시므로 전 교인이 회개하게 되었습니다. 그때 교회를 쥐고 흔들던 그 강퍅한 집사님이 깨어졌습니다. 다음 날 아침에 담임 목사님과 식사하는데 놀라운 이야기를 들었습니다. "우리 교회를 힘들게 한 집사님 한 분이 있는데, 그분이 어젯밤에 깨어졌고 완전히 변화되었습니다. 감사합니다. 그런데 김열방 목사님은 그분에게 도대체 어떻게 하셨나요?"

나는 놀라며 대답했습니다. "와, 정말 놀라운 일이네요. 하지만 저는 모르는 일이고 저와는 상관없는 일입니다. 성령님이 직접 일하신 것입니다. 기적이 일어났습니다."

그렇습니다. 나는 한 사람도 변화시킬 수 없고 변화시킨 적도 없습니다. 나의 설교와 안수, 찬양과 기도, 책과 코칭을 통해 변화된 사람이 있다면 그것은 내가 한 것이 아니요 성령님이 하신 것입니다. 성령님은 이처럼 막강하고 놀라우신 분입니다. 하지만 그분은 우리가 기도하지 않을 때 아무 일도 안 하십니다. 성령님은 예수의 영이시며 그분은 오직 기도 응답을 통해서만 일하십니다.

예수님은 "내 이름으로 무엇이든지 내게 구하면 내가 행하리라"(요 14:14)고 말씀하셨습니다. 예수 이름으로 무엇이든지 예수님께 구하면 예수님이 행하십니다.

예수님이 임하시고 기적을 행하십니다.

## 우리가 기도한들 무슨 소용이 있으랴

기도하지 않으면 어떤 일이 일어날까요?

영적인 비옥함이 사라지고 비참함만 남습니다.

그것은 곧 저주입니다. 과연 어떤 상태가 될까요?

첫째, 악인이 생존하고 장수하며 강해집니다. "어찌하여 악인이 생존하고 장수하며 세력이 강하냐?"(욥 21:7)

둘째, 악인과 악인의 후손이 앞에서 굳게 섭니다.

"그들의 후손이 앞에서 그들과 함께 굳게 서고 자손이 그들의 목전에서 그러하구나."(욥 21:8)

셋째, 악인의 집이 평안하고 의인의 집이 불안해집니다. "그들의 집이 평안하여 두려움이 없고."(욥 21:9)

넷째, 악인에게 하나님의 매가 임하지 않습니다.

"하나님의 매가 그들 위에 임하지 아니하며."(욥 21:9)

다섯째, 악인들의 수소는 새끼를 잘 뱁니다.

"그들의 수소는 새끼를 배고 그들의 암소는 낙태하는 일이 없이 새끼를 낳는구나."(욥 21:10)

여섯째, 악인들의 자녀들이 춤을 춥니다.

"그들은 아이들을 양 떼 같이 내보내고 그들의 자녀들은 춤추는구나."(욥 21:11)

일곱째, 악인들이 노래하고 즐기며 행복하게 지내다가 잠깐 사이에 지옥에 내려갑니다.

"그들은 소고와 수금으로 노래하고 피리 불어 즐기며

그들의 날을 행복하게 지내다가 잠깐 사이에 스올에 내려 가느니라."(욥 21:12~13)

여덟째, 악인들이 하나님의 뜻을 모르고 대적합니다.

"그러할지라도 그들은 하나님께 말하기를 우리를 떠나소서. 우리가 주의 도리 알기를 바라지 아니하나이다."(욥 21:14)

아홉째, 악인들이 기도하는 것을 비웃습니다.

"전능자가 누구이기에 우리가 섬기며 우리가 그에게 기도한들 무슨 소용이 있으랴 하는구나."(욥 21:15)

열째, 악인들의 행복이 그들의 손 안에 있지 않습니다.

"그러나 그들의 행복이 그들의 손 안에 있지 아니하니 악인의 계획은 나에게서 멀구나."(욥 21:16)

당신은 혹시 이러한 악인의 반열에 있지 않습니까?

기도하지 않으면 삶과 사역이 비참해집니다.

기도하면 삶과 사역이 비옥해집니다.

기도하지 않으면 하나님의 권능이 사라집니다.

기도하면 하나님의 권능이 함께합니다.

나도 내 사역에 있어 충분한 기도를 하지 않으므로 큰 고통과 혼란을 겪은 적이 있습니다. 나는 회개하고 다시 기도하기 시작했고 지금은 종일 기도에 헌신하고 있습니다. 당신은 더 많이 기도할 수 있는데 왜 안 합니까?

뭉치 시간을 내어 더 많이 기도하십시오.

## 내게는 종일 주의 은혜가 필요하다

당신은 왜 기도합니까?

나는 주의 은혜가 아니고는 살 수 없기 때문에 기도합니다. 나는 종일 주의 은혜가 필요하기 때문에 종일 기도합니다. 종일 기도가 시작되기 전에도 기도하고 종일 기도가 끝난 후에도 기도합니다. 눈 뜨면서부터 잠잘 때까지 기도합니다. 자나 깨나 기도합니다. 호흡하면서도 기도하고 침묵 가운데서도 기도합니다. 내 삶은 기도입니다.

어떻게 기도하느냐고 묻는 사람에게 나는 이렇게 대답합니다. "들숨과 날숨을 통해 흐름을 타며 기름 부음을 따라 덩실덩실 춤추며 기도합니다."

1분을 기도하든 10시간을 기도하든 각자 자유입니다.

기도하지 않는다고 당장 표시 나는 것도 아니고 딱히 누가 뭐라 하지 않습니다. 기도하지 않아도 다들 잘 사는 것 같이 보입니다. 하지만 우리는 기도해야 합니다.

기도 시간을 늘리는 것은 율법이 아닙니다. 주의 영이 계신 곳에는 자유가 있습니다. 기도는 강압이 아닌 자원하는 심령을 따라 하는 것입니다. 하지만 각자 뜻은 정해야 합니다. 뜻을 정한 사람을 성령님이 돕기 때문입니다.

사람마다 하나님께서 요구하시는 기도의 분량이 다릅니다. 하나님이 당신에게 요구하시는 기도의 분량은 얼마입니까? 어떤 사람은 1시간이고 또 어떤 사람은 3시간이 될 것입니다. 당신은 몇 시간입니까? 기도 시간을 좀 더 늘려야 하지 않을까요? 기도에의 부르심에 순종하십시오.

하나님은 내가 종일 기도하기를 원하시는 것 같습니다.

왜일까요? 나도 그 이유를 잘 모릅니다.

나는 많은 부분에 있어 이유를 모르고 순종합니다. 한 가지 아는 것은 '내게 종일 주의 은혜가 필요하다'는 것입니다. 다윗도 그랬기 때문에 이런 기도를 했습니다.

"주여, 내게 은혜를 베푸소서. 내가 종일 주께 부르짖나이다."(시 86:3) 당신도 종일 주께 부르짖기 바랍니다.

당신에게도 주의 은혜가 필요합니다.

**종일 기도. 제 9 부 - 김열방**

# 기도 응답으로 상을 받으라

당신은 부끄러움과 수치를 겪은 적이 없습니까?

기도하지 않으면 주위 사람들에게 부끄러움과 수치를 당하게 됩니다. 기도하면 하나님께 큰 상을 받습니다.

나는 그동안 여러 번 부끄러움과 수치를 당했는데, 나중에 기도 응답을 통해 하나님께 상을 받았습니다.

우리는 그리스도 안에서 하나님의 존귀한 자녀이지만 교만하여 기도를 안 하면 세상 사람들에게 부끄러움과 수치를 당하게 되고, 기도하면 하나님께 상을 받게 됩니다.

## 기도 안 하면 부끄러움을 당한다

나는 어떤 부끄러움과 수치를 겪었을까요?

첫째, 차 때문에 부끄러움과 수치를 당한 적이 있습니다. 나는 신학교를 졸업하고 지방의 한 개척 교회를 6개월 정도 섬겼는데, 그때 내가 타던 차를 그 교회에 드린 적이 있습니다. 그 교회 담임 목사님이 노인 무료 급식 봉사를 위해 승합차가 필요하다고 예배 시간에 광고했습니다.

그때 주님께서 내 마음에 차를 드리라고 하셨고 나는 아끼던 차를 드렸습니다. 그 후에도 내가 타던 차를 지방의 한 목사님이 달라고 해서 준 적이 있습니다.

그 후로 나는 몇 년 동안 차 없이 렌트해서 전국으로 부흥회를 인도하러 다녔습니다. 그래도 나는 늘 부요했습니다. "나는 하나님의 자녀이기 때문에 억만장자다"라는 믿음으로 살았기 때문입니다. 내가 렌트한 소형차를 몰고 집회 장소에 도착해도 그 교회에서는 나를 아주 부요한 목사님으로 알고 존중했습니다. 한 사람이 말했습니다.

"김열방 목사님은 〈내 인생을 바꾼 억만장자 마인드〉라는 책도 써내시고 성경적인 부에 대한 가르침을 하시는 걸로 알고 있습니다. 그런데 이렇게 작은 차를 몰고 오셨네요. 지역 교회들 형편과 수준에 맞춰 차를 모시나 봐요?"

나는 미소만 지었습니다. 그런데 한 아이가 이렇게 말했습니다. "김열방 목사님 옷에서 담배 냄새가 나요."

나는 깜짝 놀랐고 부끄러움과 수치를 당했습니다.

그 냄새의 원인은 렌트카에 있었습니다. 나는 차를 렌트할 때마다 담배 냄새 안 나는 걸로 달라고 부탁했지만 그렇지 못한 경우가 몇 번 있었던 것입니다. 렌트카 회사에서는 여러 사람이 빌려 타기 때문에 아무리 깨끗하게 청소해도 담배 찌든 냄새가 차에 남는다고 했습니다.

한번은 집회를 인도하러 가는 길에 고속도로에서 브레이크가 안 들어서 크게 당황한 적이 있습니다. 요금소를 2킬로미터 정도 앞둔 곳에서 아무리 밟아도 브레이크가 말을 듣지 않았던 것입니다. 요금소에 가까이 가서야 겨우 브레이크가 잡혔습니다. 나는 그때 큰 사고가 나서 죽는 줄 알았습니다. 하루는 아내가 말했습니다.

"우리가 1년 동안 부흥회 다니는데 드는 렌트비를 계산해 보니 차 값보다 더 많이 나가는 것 같아요. 차라리 새 차를 한 대 사는 게 나을 것 같아요."

아내와 함께 동네를 산책하던 중 대로변의 자동차 전시장에 들어가서 멋진 새 차를 계약했습니다. 처음엔 할부로 샀지만 하나님께서 몇 개월 만에 차 값을 다 주셔서 완불했습니다. 그 후로 성령님께서 나를 바람처럼 이끌어 좀 더 안전하고 튼튼하고 쾌적한 차를 사게 하셨습니다.

지금은 예전에 겪었던 '차로 인한 부끄러움과 수치'가 다 사라졌습니다. 내가 좋은 차를 몰고 목회자 모임에 가니까 한 목사님이 내 차를 보며 좋아했습니다.

"하나님이 기도 응답으로 주신 것입니다. 하나님의 자녀는 좋은 차를 타고 다녀야 합니다."

그렇습니다. 크게 생각하면 아무것도 아닙니다.

세상의 모든 차는 하나님이 보실 때 통의 한 방울 물과 같고 저울의 작은 티끌과 같습니다. 당신도 쾌적하고 안전한 좋은 차를 달라고 기도하십시오. 그러면 주십니다.

나는 차를 기도의 골방으로 만들었습니다. 차를 몰고 운전하는 동안 계속 기도합니다. 왕복 6시간 운전하면 6시간 내내 영으로 기도하면서 도로를 달립니다. 그로 인해 내 차 안에는 하나님의 임재가 충만합니다. 나는 운전하면서 하나님의 임재로 인해 뜨거운 눈물을 흘릴 때가 많습니다. 울산의 한 사업가 장로님이 장거리 운전을 자주 하는데 20년 된 차를 바꿔야 할지 고민하고 있었습니다.

"저는 차 안에서 계속 기도하기 때문에 눈물을 많이 흘립니다. 그런데 눈물이 앞을 가려 사고 날 위험이 있더라고요. 요즘 나오는 차는 자율 주행이 된다고 하는데……."

나는 그런 차로 바꾸라고 했습니다.

"운전하면서 몇 시간씩 계속 기도하려면 차 안의 공기도 좋아야 하고 자율 주행 기능도 있어야 눈물이 앞을 가릴 때 사고 나지 않습니다. 당장 바꾸세요."

당신도 하나님께 좋은 차를 구하기 바랍니다.

둘째, 집 때문에 부끄러움과 수치를 당한 적이 있습니다. 내가 29세 때 성령님은 '서울로 가서 교회를 개척하라'고 지시하셨는데 1년을 버티다가 순종했습니다. 그때 내가 가진 돈은 신혼집 단칸방 전세금 천만 원이 전부였습니다. 그 돈을 개척 헌금으로 드리고 시작했습니다.

서울 잠실에 도착해서 한 상가 건물 30평을 보증금 천만 원에 월세 80만 원으로 계약하고 나니 사택 얻을 돈이 없었습니다. 그래도 어쨌든 순종하고 교회에라도 이삿짐을 내리겠다고 마음먹고 화물차에 짐을 실었습니다.

서울로 달려오는 길에 성령님께서 '친구에게 전화하라'고 하셔서 전화를 거니 그 친구가 내게 즉시 300만 원을 빌려주겠다며 통장으로 입금했습니다. 나는 보증금 300만 원에 월세 30만 원짜리 반 지하를 얻었습니다.

나는 지하에서 아들 둘 딸 둘, 네 명의 자녀를 2층 침대에 둘씩 눕혀 재우며 키웠습니다. 한번은 주인이 한 달 치 월세가 밀렸다며 달려와 온 동네가 떠나가도록 소리를 질렀습니다. "왜 월세를 안 내는 거야, 당장 집 비우세요."

나는 크게 놀랐고 충격을 받았습니다. “하나님, 왜 제가 이런 부끄러움과 수치를 당해야 하나요?”

주님은 ‘괜찮다, 아무것도 아니다’라고 하셨습니다.

며칠 후에 주님께서 돈을 주셔서 밀린 월세를 냈습니다. 그리고 20년이 지난 지금은 좋은 아파트를 사도록 기적을 베풀어 주셨습니다. 그 시작은 50원짜리 동전 하나였습니다. 그때 나는 집 살 돈이 없었지만 5억짜리 집을 사겠다며 바지 주머니에 50원짜리 동전 하나를 넣고 다녔습니다. 나는 “기도하고 구한 것은 받았다고 믿으라”(막 11:24)는 말씀에 근거해 이렇게 혼자 중얼거렸습니다.

“이 돈으로 5억짜리 집을 산다.”

그런데 정말 그런 기적 같은 일이 일어났습니다.

진짜 5억짜리 집을 사게 된 것입니다. 그 후에 또 성령님이 기적을 일으켜 주셔서 더 좋은 집을 사게 하셨고 내가 계약한 순간부터 집값이 날마다 상승했습니다.

이 모든 것이 기도 응답의 결과입니다. 나는 지하에 살든 지상에 살든 끝도 없이 기도했습니다. 자나 깨나 기도했습니다. 앉으나 서나 기도했고 길을 걸으면서도 운전하면서도 중얼거리며 계속 기도했습니다. 그리고 하나님은 내 기도에 하나씩 응답하기 시작하셨습니다. 나를 처음부터 만나서 아는 사람들은 그런 밑바닥 과정을 잘 압니다.

"우리가 30년 전에 만났고 김열방 목사님이 지하에 살 때부터 잘 알잖아요. 정말 하나님이 목사님의 기도에 다 응답하셨네요. 놀랍습니다. 저도 기도하겠습니다."

지금도 내게는 응답 받지 못한, 그리고 사람들이 생각하기에는 말도 안 되는 기도 제목들이 헤아릴 수 없을 정도로 많습니다. 지금 나는 아무 생각 없이 부지런히 기도만 할 뿐입니다. 받은 줄로 믿고 감사하며 기도합니다.

내게 주어진 영역은 기도하는 것입니다.

기도 응답은 하나님의 영역입니다.

하나님은 기도에 응답하십니다.

셋째, 신발로 인한 부끄러움과 수치를 당했습니다.

하루는 카페에서 내가 쓴 책 〈김열방의 두뇌개발비법〉을 읽다가 그 책을 들고 동네에 있는 한 중학교를 찾아갔습니다. 교장 선생님에게 내 책을 선물로 주고 싶어서였습니다. 그런데 그분은 내 책을 보고 반긴 것이 아니라 다 닳고 더러워진 내 검정 신발을 보고는 인상을 찡그렸습니다.

"이런 책을 들고 다니며 나눠주려고 학교마다 돌아다니시는가 봐요? 참 딱해 보이네요."

나는 놀랐습니다. 그곳은 기독교 학교인데 나를 외모로 판단했던 것입니다. 나는 진지하게 대답했습니다.

"저는 가난한 목사가 아닙니다. 교장 선생님이 이 책을 꼭 읽어보셨으면 해서 선물로 드리려고 온 것입니다. 이 책은 두뇌를 개발하는 방법을 담은 것인데, 읽으시면 가르치는 학생들에게 큰 도움이 될 겁니다."

그분은 알겠다며 두고 가라고 했습니다.

그때 나는 신발로 인한 부끄러움과 수치를 당했습니다.

나는 '스타일' 곧 신발이나 옷이 그렇게 중요한 줄 몰랐고 늘 단벌 신사에, 재래시장에서 파는 2만 원짜리 단화를 하나 사서 다 닳아 구멍이 날 정도로 신고 다녔습니다.

나는 그 일을 성령님께 말씀드렸습니다.

'사랑하는 성령님, 제가 이런 일을 당했습니다.'

그리고 잊어버렸는데 성령님은 내게 기도 응답으로 100만 원을 챙겨 주시면서 신발을 사러 가자고 하셨습니다. 그때 나는 동네에 있는 롯데백화점에 가서 120만 원 정도 하는 이태리제 명품 구두를 할인가로 89만 원에 샀습니다. 그때가 2013년 5월 22일이었습니다.

하나님의 자녀인 나를 위해 성령님이 챙겨 주셔서 처음으로 산 명품 구두였습니다. 지금도 그 구두에 슈트리를 끼워 새것처럼 깨끗하게 관리하고 있습니다.

그 후로도 주님은 내게 수제 구두를 몇 켤레 더 주셨습니다. 지금은 일곱 켤레 정도인데 서로 번갈아 가며 중요한 모임이나 강연 때, 그리고 성령님과 산책할 때 신습니다. 그 이상은 필요를 못 느끼기 때문에 사지 않습니다.

넷째, 학교 등록금을 못내 부끄러움과 수치를 당한 적이 있습니다. 나는 1997년도에 총신대학교 신학대학원에 입학했습니다. 성령님이 공부하는 지혜를 주셔서 쉽게 합격했는데, 입학과 동시에 즉시 휴학하고 한 달 동안 골방에 들어가 기도하면서 책을 한 권 썼습니다. 그것이 〈성령님과 친밀하게 교제하는 법〉이라는 책이고 베스트셀러가 되었습니다. 그런데 3년 만에 졸업해야 하는 대학원을 6년 만에 졸업해서 96회 졸업생이 되었습니다. 등록금이 있으면 다니고 없으면 휴학하기를 반복했던 것입니다. 3년 만에 졸업하든 6년 만에 졸업하든 성령님이 보시기에는 통의 한 방울 물과 같고 저울의 작은 티끌과 같고 아무것도 아닙니다. 지금 생각해보니 은혜로 졸업했습니다.

다섯째, 기도하지 않아서 부끄러움과 수치를 당한 적이 있습니다. 이것이 내가 겪은 것 중에 가장 큰 부끄러움과 수치입니다. 영적으로 벌거벗은 상태로 집회를 인도하러 간 적이 있었습니다. 한 교회의 어린이 여름성경학교에 설교자로 초청받았는데, 준비 기도를 제대로 하지 못해서 내가 설교하는 내내 아이들이 정신없이 떠들었고 소란스러운 가운데 마쳤던 것입니다. 내 안에는 항상 성령님이 가득히 계시기 때문에 내가 기도를 하든 안 하든 상관없었지만 아이들에게는 강하게 나타나는 기름 부음이 없었기에 그들을 다스리며 말씀을 잘 전하지 못했던 것입니다.

나는 그런 경험을 처음 했습니다. 그 후로는 정신을 바짝 차리고 집회를 위해 집중적으로 기도하게 되었습니다.

한번은 지방에서 수십 개 교회가 연합으로 어린이 캠프를 열었는데 그때 내가 강사로 초청받아 설교하고 안수하게 되었습니다. 이때 엄청난 역사가 일어나 수백 명의 아이들과 교사들이 회개하며 성령을 체험하게 되었습니다.

이런저런 일들을 많이 겪으면서 내가 생각하기에 가장 부끄럽고 수치스러운 일은 영적인 벌거벗은 상태로 사역하는 것임을 깨닫게 되었습니다. 모든 사역자들은 권능의 흰옷을 사서 입어야 합니다. 예수님이 말씀하셨습니다.

"내가 너를 권하노니 내게서 불로 연단한 금을 사서 부요하게 하고 흰 옷을 사서 입어 벌거벗은 수치를 보이지 않게 하고 안약을 사서 눈에 발라 보게 하라."(계 3:18)

여기서 "불로 연단한 금과 흰옷을 사라"고 했습니다.

이것은 공짜로 주지 않고 값을 지불하고 사야 합니다.

이 두 가지는 무엇을 의미하며 누구에게 사야 할까요?

그리고 도대체 어떤 대가를 지불해야 살 수 있습니까?

불로 연단한 금은 '정금 같은 말씀'을 의미합니다. 예수님은 "기록하였으되"라고 말씀하시면서 마귀의 유혹을 물리치셨습니다. 그분은 말씀이 육신이 되어 오신 분이며, 모든 일을 말씀으로 시작해서 말씀으로 끝내셨고, 말씀을 따른 예언을 성취하기 위해 한걸음씩 일하셨습니다.

흰옷은 '권능의 흰옷'을 의미합니다. 예수님은 높은 산에 올라가셔서 자신의 생명과도 같은 시간을 드려 오래 기도하시므로 권능의 흰옷을 입게 되었습니다. 그분은 하나님의 아들이시고 하나님이시지만 이 땅에 육체로 계실 때 우리와 동일한 인간으로서 기도하셨던 것입니다.

예수님은 기도에 온전히 헌신하셨습니다.

그분의 유일한 습관은 기도하는 습관이었습니다. "예수께서 나가사 '습관을 따라' 감람산에 가시매 제자들도 따라갔더니 그 곳에 이르러 그들에게 이르시되 유혹에 빠지지 않게 기도하라 하시고 그들을 떠나 돌 던질 만큼 가서 무릎을 꿇고 기도하여 이르시되 아버지여."(눅 22:39~42)

예수님은 하나님 아버지에게 자신의 생명과 같은 시간을 드려 값을 지불하시므로 '정금 같은 말씀'과 '권능의 흰옷'을 사셨던 것입니다. 이것은 정말 놀라운 비밀입니다.

지금 우리는 이 두 가지를 누구에게 삽니까?

예수님에게 삽니다. 어떤 값을 지불해야 할까요?

세상에 있는 모든 은과 금을 다 가져와도 안 됩니다.

그것보다 억만 배나 귀한 것을 가져와야 합니다. 무엇

일까요? 바로 '시간'입니다. 시간은 금이 아닙니다. 금보다 억만 배나 귀한 '생명'입니다. 정금 같은 믿음을 사기 위해 시간을 드려 말씀을 묵상해야 하고 권능의 흰옷을 사기 위해 시간을 드려 기도에 힘써야 합니다.

사도들은 이 사실을 깨닫고 외쳤습니다. "우리는 오로지 기도하는 일과 말씀 사역에 힘쓰리라."(행 6:4)

## 기도하지 않고 사역하는 사람들

당신은 충분히 기도한 다음 사역합니까?

충분히 기도하지 않고 찬양 인도하고, 충분히 기도하지 않고 설교하고, 충분히 기도하지 않고 상담하고, 충분히 기도하지 않고 저술하는 사역자들이 많습니다.

우리 모두는 회개해야 합니다. 나는 평일에도 종일 기도를 자주 하지만 토요일에는 특별히 다른 스케줄을 잡지 않고 다음날 사역을 위해 종일 기도합니다. 그렇게 종일 기도한 후에 찬양하고 설교하고 안수하면 하나님의 영광의 구름이 예배 장소에 가득히 밀려옵니다. 나는 책을 쓸 때도 그냥 쓰지 않고 영으로 계속 기도하면서 씁니다.

주의 종들은 사역하기 전에 5시간~10시간 정도는 기도해야 합니다. 더 많이 기도할수록 좋습니다. 그런 충분한 기도를 통해 자신이 먼저 회개해야 합니다. 기도를 통해 혼자 찬송하고 예배하면서 주의 음성을 들어야 합니다.

그런 다음에 군중 앞에 서서 사역해야 합니다. 그러면 성령의 기름 부음이 파도치기 시작하며 곳곳에서 기적이 일어납니다. 기도하지 않는 사역자들은 부정적이고 절망적인 말을 하며 끝도 없이 투덜댑니다.

"한국 교회가 문제다. 목사가 타락했다. 다 망한다."

아닙니다. 지금도 기도하는 사람과 교회가 많습니다.

무엇보다 중요한 것은 다른 사람 탓하지 말고 자신이 먼저 기도에 헌신하면 된다는 것입니다. 오늘부터 금식하며 기도하십시오. 당신의 마음을 찢으며 회개하십시오.

성경 시대에나 지금이나 똑같습니다. 아브라함, 이삭, 야곱, 요셉, 모세, 다윗, 솔로몬, 다니엘, 이사야 등 모두 기도하는 사람들이었고 하나님은 그들을 통해 그분이 원하시는 일을 행하셨습니다. 큰 건물이나 군중이 없어서가 아닌 의인 열 명이 없어서 소돔과 고모라가 망했습니다.

하나님은 기도하는 아브라함 한 명과 일하셨습니다.

기도하는 모세 한 사람을 통해 430년간 노예였던 이스라엘 백성들을 구원하셨습니다. 기도하는 다윗 한 사람을 통해 하나님의 뜻을 전하셨습니다. 다니엘은 일정이 바쁜 정치가였는데 목숨 걸고 금식하며 기도했습니다.

사실 모든 문제는 자신이 기도하지 않기 때문에 일어나는 것입니다. 나는 찬양 사역자들에게 말합니다.

"앞에 나가서 찬양 사역을 하려면 하루에 3시간은 기도해야 한다. 그렇게 못하면 남들보다 한 시간 더 일찍 나와서 어떻게든 조금이라도 더 기도하고 전심으로 기도해라."

기도하지 않고 찬양하는 것은 영으로 찬양하는 것이 아닌 세상 가수들처럼 인간의 목소리로 노래하는 것과 같습니다. 영으로 노래하는 것, 마음으로 노래하는 것, 몸으로 노래하는 것은 다릅니다. 찬양은 영으로 노래해야 합니다.

그러려면 찬송하기 전에 먼저 기도를 많이 해야 합니다. 바울과 실라는 그냥 찬송하지 않고 "기도하고 찬송했다"고 했습니다. 그러자 하나님의 권능이 그곳에 가득히 임했고 옥문이 터지고 묶인 자들이 다 풀렸습니다.

성경에서 말하는 순서를 꼭 기억하십시오. 찬송하고 기도하는 것이 아닙니다. 기도하고 찬송하는 것입니다.

많은 사람들은 군중 앞에 서서 멋지게 찬양하고 설교하고 안수하는 것이 대단한 사역이고 큰 성공인 줄로 착각합니다. 그렇지 않습니다. 그 이전에 하나님 앞에서 기도로 먼저 사역해야 합니다. 모인 무리에게 하나님의 나라가 권능으로 임해 달라고 간절히, 오래 기도해야 합니다.

설교와 찬양, 상담과 심방, 선교와 구제 등 다른 업무들이 절박해지면 기도를 소홀히 하게 됩니다. 그러면 끝장입니다. 그 모든 일을 하기 전에 먼저 기도해야 합니다.

기도는 돈과 명예, 권세와 학벌, 건물과 숫자, 잡무와 큰 행사보다 억만 배나 더 중요하고 긴급하고 가치 있습니다. 모든 세대에 거쳐 변함없이 하나님은 오직 기도하는 사람을 통해서만 일하셨습니다. 다른 모든 것을 잃어도 기도하겠다고 결심해야 합니다. 다니엘은 당장 몸이 찢겨져 죽게 된 사자 굴에서조차 하나님께 기도했습니다.

어떤 사람은 "기도하지 않아도 된다. 세상에서 성공하는 방법을 터득했다"고 말합니다. 위험한 생각입니다.

나는 그렇게 생각하지 않습니다. 어떤 문제가 생길 때마다 내가 알고 있는 방법을 의지하지 않습니다. 하나님께 엎드려 기도하고 성령님의 음성을 듣고 순종합니다.

모세도 방법을 안다고 생각한 적이 있습니다.

'나는 반석에서 물을 내는데 성공한 비결을 잘 알고 있어, 지팡이로 반석을 치면 돼, 이번에는 두 번 치자.'

반석에서 물이 나왔지만 방법 때문이 아닌 하나님이 이스라엘 백성들을 긍휼히 여기셔서 물을 내신 것입니다. 모세는 그 일로 가나안 땅에 들어가지 못하게 되었습니다.

한 사람이 성공한 것을 따라 한다고 다른 사람도 성공

하는 것이 아닌 것처럼 인생도 그렇습니다. 어제 성공했다고 내일 똑같은 방법으로 성공할 수 있다고 생각하면 오산입니다. 우리는 하나님 앞에서 항상 겸손해야 합니다.

나는 성공한 비결을 자랑하지 않습니다. 사람들이 방법을 물으면 "모른다"고 딱 잘라 말합니다. 왜 그럴까요?

하나님의 은혜로 복을 받았기 때문입니다. 내가 복을 받은 비결은 "주 예수 그리스도의 은혜와 하나님의 사랑과 성령의 교통하심이 있었기 때문이다"(고후 13:13)라고 말합니다. 이것을 비결이라고 말할 수는 있습니다.

방법은 사람에게 있지 않고 하나님께 있습니다. 그래서 나는 성공 비결을 묻는 사람들에게 이렇게 말합니다.

"나는 기도하고 순종합니다. 당신도 기도하세요."

모든 사람이 하나님께 기도하도록 이끌어야 합니다.

왜일까요? 주의 종은 중매쟁이에 불과하며, 모든 사람이 한 남편이신 예수 그리스도를 바라보고 의지하고 사랑하도록 도와야 하기 때문입니다. 그 비결은 기도입니다.

부모와 자녀, 친척과 친구, 교인과 지인들이 모두 기도를 통해 주님만 바라보고 의지하게 해야 합니다. 그래야 모두 행복해집니다. 사람을 바라보면 욕심이 생깁니다.

"욕심이 많은 자는 다툼을 일으키나 여호와를 의지하는 자는 풍족하게 되느니라."(잠 28:25)

## 기도 시간을 배로 늘려라

당신은 하루에 몇 시간 기도합니까?

나는 예전보다 기도 시간을 배로 늘렸습니다.

로버트 맥체인은 오전에 1시간, 오후에 1시간, 매일 2시간씩 기도했습니다. 나도 예전에는 그렇게 계획을 세우고 기도했는데 그것만으로는 부족함을 느껴 지금은 더 많이 기도합니다. 한나절 또는 온종일 기도합니다.

나는 기도하면 할수록 기도 시간이 부족함을 느꼈습니다. 그래서 골방과 교회에서 기도하고 운전하면서도 계속 기도했습니다. 그런데 9시~6시까지 9시간 종일 기도를 하고부터는 마음이 좀 넉넉해졌습니다. 오전에 3시간을 기도하고도 '아직 6시간을 더 기도할 수 있구나'라는 생각이 들기 때문입니다. 8시간 기도한다 해도 하루의 3분의 1밖에 안 됩니다. 우리는 더 많이 기도해야 합니다. 9시간도 좋지만 12시간 기도하면 얼마나 더 좋을까요?

기도의 사람이라 불리는 E. M. 바운즈는 20년간 매일 새벽 4시에 일어나 7시까지 3시간씩 기도했습니다. 설교의 왕자라 불리는 찰스 스펄전은 "기도하지 않는 설교자는 가장 불쌍한 사람이다. 아무리 멋진 서재를 갖추고 책을 산더미처럼 쌓아 놓고 설교 준비를 한다 할지라도 기도의 골방에 비하면 헛간과 같다. 기도하지 않는 설교자는 반드시 큰 부끄러움과 수치를 당하게 될 것이다"고 했습니다.

기도와 말씀에 헌신한 목사이자 미국 부흥 운동의 아버지라 불렸던 찰스 피니는 기도의 사람이었고 밤낮 기도를 많이 했습니다. 그는 기도에 대해 이렇게 말했습니다.

"어떤 사람들은 너무 작은 일이라서 기도하지 않는다고 하는데 결코 그렇지 않다. 작은 일이기 때문에 기도해야 한다. 또 어떤 사람들은 너무 큰일이라서 기도하지 않는다고 하는데 결코 그렇지 않다. 큰 문제이기 때문에 기도해야 한다. 작은 일이든 큰일이든 열심히 기도해야 한다."

이 말은 곧 작은 일이든 큰일이든 자기 힘으로 처리하려고 하지 말고 하나님을 의지해야 한다는 뜻입니다.

그는 하루에 몇 시간씩 기도하고 말씀을 전했습니다.

그의 설교를 듣는 사람들이 하나님의 권능 아래 쓰러지며 바닥에 엎드려 회개했습니다. 피니는 자신에게서 능력이 조금이라도 약해진다고 느껴지면 모든 일정을 뒤로 하고 골방에 들어가 종일 기도하므로 '권능의 흰옷'을 다시 입었습니다. 그런 후에 설교하면 사람들이 그의 설교를 듣고 구원과 회개에의 초청에 즉시 응답했습니다.

미국 전역을 다니며 말씀과 신유 사역을 했던 A. A. 앨런도 평생 기도에 힘쓴 주의 종이었습니다. 그는 자신에게서 왜 성경 말씀에 기록된 대로 하나님의 능력이 온전히 나타나지 않는지 그 이유에 대해 하나님의 음성을 듣기 전에는 골방에서 나오지 않겠다고 작정하고 3일간 무릎 꿇고 종일 기도에 힘썼습니다. 그러자 하나님의 영광이 방 안에 가득히 임했고 주의 음성이 들리기 시작했습니다.

그는 구체적으로 능력을 막고 있는 장애물이 무엇인지 13가지를 들었습니다. 그 음성을 공책에 적고 회개하며 자신의 삶과 사역을 조정해 나갔는데 그 결과 엄청난 성령의 권능이 물결치게 되었습니다. 사람들에게 말씀을 전하고 안수하면 암과 당뇨, 중풍, 간질 등 불치의 병들이 나았고 회중 전체가 성령의 권능 아래 쓰러지기도 했습니다.

기도에 헌신하지 않고 성령의 권능이 나타난 사람이 누가 있습니까? 마틴 루터도 매일 3시간씩 기도했습니다.

루터는 말했습니다. "나는 오늘도 할 일이 너무 많아 3시간 기도해야 한다. 2시간 기도해서는 감당할 수 없다."

빌리 그래함은 사역의 비결에 대해 묻는 기자에게 "첫째도 기도, 둘째도 기도, 셋째도 기도"라고 말했습니다.

나도 사람들에게 말합니다.

"기도에 헌신하라. 죽도록 기도하라. 종일 기도하라."

기도하지 않기 때문에 낙심과 좌절이 옵니다.

기도하지 않기 때문에 악한 영이 틈탑니다.

기도하지 않기 때문에 눈이 어두워집니다.

기도하지 않기 때문에 몸이 비대해집니다.

기도하면 다 회복됩니다.

기도에 헌신하십시오.

종일 기도. 제 10 부 – 김열방

# 건강한 몸으로 평생 기도하라

당신은 건강한 몸으로 기도하고 있습니까?

아무리 종일 기도하고 싶어도 건강을 잃으면 할 수 없습니다. 감기 몸살만 걸려도 기도하기 힘듭니다. 몸이 건강하고 컨디션이 좋아야 종일 기도하는 것이 즐겁습니다.

나는 기도하기 위해 날씬하고 건강한 몸을 유지합니다.

그래서 나는 오전 9시~오후 6시까지 종일 기도해도 피곤하거나 지치지 않습니다. 집에 가면 산책도 합니다.

예전에는 그렇지 못했습니다. 내 몸매는 배가 불룩하게 나와 엉망이었고 건강도 나빠져 몹시 피곤했습니다. 그때 내 몸은 허리가 38인치에 몸무게는 80킬로였습니다.

운동은 전혀 하지 않았습니다.

### 성경적인 건강 비결을 실천하라

그런 내가 '성경적인 건강의 비결'을 깨닫고 꾸준히 실천한 결과 한 달 만에 큰 변화를 경험하게 되었습니다. 허리는 28인치가 되었고 몸무게도 68킬로가 되었습니다.

그렇다고 특별한 다이어트 프로그램을 실천하거나 하루에 몇 시간씩 죽어라고 운동한 것도 아니었습니다.

단지 성경에서 말하는 '깨끗한 식물'을 골라서 먹고 하루에 8시간씩 잠을 푹 잤을 뿐입니다. 하루 세 번 돼지고기를 즐겨 먹던 습관을 끊고 소고기와 양고기를 즐겨 먹기 시작했습니다. 과식하는 습관을 소식하는 습관으로 바꾸었습니다. 밤낮 사람들을 만나 외식하던 것을 자제하고 집에서 아내가 차려 주는 소박한 '집밥'을 즐겨 먹었습니다.

그렇게 하니 지금은 몸매가 날씬해져서 청바지에 티 하나만 걸쳐도 핏(fit)이 살고 오후에는 아내와 함께 하루에 두 시간을 쉬지 않고 걸으며 산책해도 지치거나 피곤하지 않게 되었습니다. 산책하는 것이 행복합니다.

## 정신적인 압박이 건강을 해친다

무엇보다 중요한 건강의 비결이 있습니다.

그것은 바로 어떤 일이 있어도 스트레스를 받지 않는 것입니다. 스트레스(stress) 곧 '정신적인 압박'은 만병의 근원입니다. 사람이 스트레스를 자꾸 받으면 심리적, 신체적 긴장 상태가 지속되고 그 결과 심장병, 위궤양, 고혈압, 불면증, 신경증, 우울증, 암 등의 각종 질병을 일으키게 됩니다. 크고 작은 모든 스트레스에서 벗어나야 합니다.

나는 지금까지 하나님의 음성에 순종하여 많은 일을 시도했는데 그로 인해 스트레스도 많이 받았습니다.

이런저런 스트레스를 자꾸 받으니 나중에는 몸에서 피가 제대로 통하지 않게 되어 다리에 큰 수술까지 하게 되었습니다. 물론 지금은 완전히 나아서 온몸이 깨끗해졌습니다. 내 마음도 강해져서 스트레스를 잘 이기고 내 삶에 하나님의 평강이 가득합니다.

어떻게 하면 스트레스를 해결할 수 있을까요?

그 방법을 알면 쉬운데, 모르면 죽을 때까지 고생하게 됩니다. 나는 깨달았습니다. 스트레스를 없애는 방법은 '좋은 일과 나쁜 일, 모두 성령님께 완전히 맡기는 것'입니다. 그리고 순간마다 "성령님. 어떻게 할까요?"라고 묻고 그분의 음성에 순종하면 됩니다.

나는 내 모든 것을 성령님께 완전히 맡겼습니다. "내 모든 꿈과 소원, 계획과 행사, 결제와 대출 문제, 원수와 적수, 염려와 두려움에 대해 성령님께 완전히 다 맡겼다."

이것이 비결입니다. 당신도 모든 꿈과 소원, 계획과 행사, 결제와 대출 문제, 원수와 적수, 염려와 두려움에 대해 성령님께 완전히 다 맡기십시오. 그러면 더 이상 스트레스가 없게 될 것입니다. 왜일까요? 이제 더 이상 그 모든 문제가 당신의 것이 아니기 때문입니다.

## 100세까지 건강한 몸으로 살라

당신은 비만 때문에 스트레스 받지 않습니까?

나는 예전에 매일 식당에 가서 흰쌀밥에 돼지고기를 끼니마다 꼬박꼬박 챙겨 먹어 몸이 비대해졌습니다.

아내와 함께 공원을 산책하다 보면 50미터 걷다가 벤치에 주저앉아 쉬어야 할 정도였습니다. '내가 적게 먹어서 이렇게 피곤한가?'라는 생각에 더 많은 흰쌀밥과 돼지고기, 라면과 빵을 챙겨 먹곤 했습니다. 그러던 중 성경을 읽다가 깨달음을 얻고 식습관을 완전히 바꾸었습니다.

내가 그렇게 즐겨 먹던 것들이 모두 성경에서 하나님이 먹지 말라고 하신 '더러운 음식'이었던 것입니다.

더러운 음식을 먹으면 몸이 더러워지고 소화 흡수가 안 되니 살이 찌고, 신체의 각종 기관이 제 기능을 발휘하지 못하니 금방 허약해지고 병이 생기게 됩니다.

각종 성인병(成人病, adult disease)은 '생활 습관병'입니다. 생활 습관을 바꾸어야 합니다. 습관이 인생을 형성합니다. 나쁜 습관을 좋은 습관으로 바꾸십시오.

## 하나님의 말씀을 무시하지 마라

나는 깨닫고 난 후에 식습관을 완전히 바꾸었습니다.

하나님은 아담과 하와에게 어떤 것은 임의로 먹고 어떤 것은 절대로 먹지 말라고 명확하게 말씀하셨습니다.

"선악을 알게 하는 나무의 열매는 먹지 말라, 네가 먹는 날에는 반드시 죽으리라 하시니라."(창 2:17)

하나님께서 "먹지 말라, 네가 먹는 날에는 반드시 죽으리라"고 하신 것에 대해 사탄은 "네가 그것을 먹어도 결코 죽지 않는다"고 거짓말을 했습니다. 아담과 하와는 하나님의 음성이 아닌 사탄의 말을 따랐고 그 결과 그들에게 죽음이 다가왔습니다. 당신은 어떻습니까? 하나님이 먹지 말라고 하신 것은 절대로 먹지 말아야 합니다. "선악과만 먹지 말라고 하지 않으셨나요? 다른 것은 괜찮잖아요."

그렇지 않습니다. 모든 성경이 하나님의 감동으로 된 것이고 교훈과 책망과 바르게 함과 의로 교육하기에 유익하다고 했습니다. 연약함과 질병은 하나님이 주신 것이 아닙니다. 그런데 사람이 하나님의 말씀을 무시하므로 스스로 건강을 망치는 것입니다. 다른 세상 지식은 환하면서 하나님의 말씀에 대한 지식이 없는 사람들이 많습니다.

성경 66권에는 음식에 대한 말씀이 많이 나옵니다. 그런데 많은 주의 종들과 백성들이 음식에 대한 하나님의 말씀을 무시하고 귀를 닫고 눈을 감습니다. 그 결과가 무엇입니까? 호세아 4장 6절에 나옵니다. "내 백성이 지식이 없으므로 망하는도다. 네가 지식을 버렸으니 나도 너를 버려 내 제사장이 되지 못하게 할 것이요 네가 네 하나님의 율법을 잊었으니 나도 네 자녀들을 잊어버리리라."

하나님은 성경을 통해 무엇을 먹지 말라고 하셨을까요?

첫째, 피를 먹지 말라고 하셨습니다. "다만 크게 삼가서 그 피는 먹지 말라. 피는 그 생명인즉 네가 그 생명을 고기와 함께 먹지 못하리니."(신 12:23)

둘째, 가증한 것은 무엇이든지 먹지 말라고 하셨습니

다. "너는 가증한 것은 무엇이든지 먹지 말라."(신 14:3)

가증한 것은 더러운 것과 동일한 것입니다.

"너는 가증한 것은 무엇이든지 먹지 말라. 너희가 먹을 만한 짐승은 이러하니 곧 소와 양과 염소와 사슴과 노루와 불그스름한 사슴과 산 염소와 볼기가 흰 노루와 뿔이 긴 사슴과 산양들이라. 짐승 중에 굽이 갈라져 쪽발도 되고 새김질도 하는 모든 것은 너희가 먹을 것이니라. 다만 새김질을 하거나 굽이 갈라진 짐승 중에도 너희가 먹지 못할 것은 이것이니 곧 낙타와 토끼와 사반, 그것들은 새김질은 하나 굽이 갈라지지 아니하였으니 너희에게 부정하고 돼지는 굽은 갈라졌으나 새김질을 못하므로 너희에게 부정하니 너희는 이런 것의 고기를 먹지 말 것이며 그 사체도 만지지 말 것이니라. 물에 있는 모든 것 중에서 이런 것은 너희가 먹을 것이니 지느러미와 비늘 있는 모든 것은 너희가 먹을 것이요 지느러미와 비늘이 없는 모든 것은 너희가 먹지 말지니 이는 너희에게 부정함이니라. 정한 새는 모두 너희가 먹으려니와 이런 것은 먹지 못할지니 곧 독수리와 솔개와 물수리와 매와 새매와 매의 종류와 까마귀 종류와 타조와 타흐마스와 갈매기와 새매 종류와 올빼미와 부엉이와 흰 올빼미와 당아와 올응과 노자와 학과 황새 종류와 대승과 박쥐며 또 날기도 하고 기어다니기도 하는 것은 너희에게 부정하니 너희는 먹지 말 것이나 정한 새는 모두 너희가 먹을지니라. 너희는 너희의 하나님 여호와의 성민이라. 스스로 죽은 모든 것은 먹지 말 것이나 그것을 성중에 거류하는 객에게 주어 먹게 하거나 이방인에게 파는 것은 가하니라."(신 14:3~21)

부정하다는 것은 '깨끗하지 못하다, 더럽다'는 말입니다. 더러운 것은 절대로 먹지 말아야 합니다. 먹으면 죽습니다. "박쥐는 먹으면 안 되지만 돼지는 괜찮지 않나요?"

하나님이 보실 때는 박쥐나 돼지나 똑같습니다. 그런데 사람들은 박쥐도 먹고 돼지도 먹습니다. 무엇이든 몸에 좋다는 말을 들으면 다 잡아 먹습니다. 몸에 좋고 나쁘고를 의사나 과학자들이 정하는 것이 아닙니다. 그들은 전지하지 못합니다. 동물을 창조하신 하나님이 몸에 좋고 나쁘고, 깨끗하고 더럽고를 다 알고 정하셨습니다.

나도 그동안 사람들이 몸에 좋다고 말한 것들을 챙겨 먹었습니다. 그런데 그 결과는 좋지 않았습니다.

장사하는 사람들은 이상한 말을 합니다.

"지쳐 쓰러진 소에게 낙지를 먹이면 벌떡 일어난다."

그 말을 믿고 낙지를 먹으러 달려갑니다. 그러나 소는 초식동물이어서 낙지를 먹이면 죽을 수도 있습니다. 사람들의 말을 믿지 말고 하나님의 말씀을 믿어야 합니다.

나는 하나님이 먹지 말라고 하신 더러운 음식은 즉시 끊었습니다. 그리고 하나님이 먹으라고 하신 깨끗한 식물만 먹기 시작했습니다. 습관을 바꾼 것입니다.

## 과식하지 말고 소식과 반식하라

당신은 과식하지 않습니까?

나는 '과식하는 습관'을 '소식하는 습관'으로 바꾸었습니다. 잠언에는 식욕이 마구 동하거든 입에 망을 씌워서라도 자제하고 목에 칼을 대고서라도 억제하라고 했습니다.

특히 관원과 함께 음식을 먹을 때는 더욱 절제해야 합니다. 맛있는 음식 앞에서 들떠서 함부로 말하다가 한 마디라도 실수하면 끝장입니다. "네가 만일 음식을 탐하는 자이거든 네 목에 칼을 둘 것이니라."(잠 23:2)

꿀도 적당히 먹고 이웃집에 자주 다니지 말라고 했습니다. "너는 꿀을 보거든 족하리만큼 먹으라. 과식함으로 토할까 두려우니라. 너는 이웃집에 자주 다니지 말라. 그가 너를 싫어하며 미워할까 두려우니라."(잠 25:16~17)

어떤 목사님은 "목회는 먹회다. 매일 사람들을 만나서 먹어야 목회가 잘된다"고 말합니다. 과연 그럴까요? 아닙니다. 사람들에게 하나님의 말씀을 먹여야지 밥을 사 먹이면 안 됩니다. 나는 그것도 모르고 사람들에게 밥을 많이 사 먹였습니다. 그런데 그들은 다 떠나갔습니다.

기도하고 말씀을 준 사람만 남았습니다.

초대교회 시절 사도들은 '접대하는 일'이 아닌 오로지 '기도하는 일과 하나님의 말씀 사역'에만 힘쓰겠다고 굳게 결심했습니다. "그때에 제자가 더 많아졌는데 헬라파 유대인들이 자기의 과부들이 매일의 구제에 빠지므로 히브리파 사람을 원망하니 열두 사도가 모든 제자를 불러 이르되 '우리가 하나님의 말씀을 제쳐 놓고 접대를 일삼는 것이 마땅하지 아니하니 형제들아, 너희 가운데서 성령과 지혜가 충만하여 칭찬 받는 사람 일곱을 택하라. 우리가 이 일을 그들에게 맡기고 우리는 오로지 기도하는 일과 말씀 사역에 힘쓰리라' 하니."(행 6:1~4)

당신도 접대하는 일, 접대 받는 일을 멈추고 기도하는 일과 말씀 사역에 힘쓰기 바랍니다. 나는 이 일에만 전념하고 있습니다. 교회는 육체의 밥을 주는 곳이 아닙니다.

사도 바울은 집에서 먹으라고 말했습니다. "만일 누구든지 시장하거든 집에서 먹어라."(고전 11:34)

집에 양식이 있습니다. 외식을 줄이고 집에서 먹어야 합니다. 밥 얻어먹으러 자꾸 돌아다니지 말고 집에서 먹어야 합니다. 집밥이 건강에 가장 좋습니다. 집밥은 한 그릇에 백만 원짜리입니다. 아니 그 이상으로 귀합니다.

교회는 기도하는 일과 말씀 사역에 힘쓰는 곳입니다.

먹고 마시는 일에 자급자족하면 마음이 행복합니다.

"나는 비천에 처할 줄도 알고 풍부에 처할 줄도 알아 모든 일 곧 배부름과 배고픔과 풍부와 궁핍에도 처할 줄 아는 일체의 비결을 배웠노라."(빌 4:12)

## 먹고 마시는 일에 자급자족하라

돈이 없어 스스로 밥을 챙겨 먹을 수 없다고요?

언제까지 쪽박 들고 남에게 밥을 구걸하며 살겠습니까?

생각을 바꾸십시오. 하나님은 당신에게 '재물 얻을 능력'을 주셨습니다. "네 하나님 여호와를 기억하라. 그가 네게 재물 얻을 능력을 주셨음이라."(신 8:18) 하나님은 당신이 손으로 일해서 돈 벌기를 원하십니다.

도둑질하는 사람도 멈추고 자기 손으로 수고하여 일해야 합니다. "도둑질하는 자는 다시 도둑질하지 말고 돌이켜 가난한 자에게 구제할 수 있도록 자기 손으로 수고하여 선한 일을 하라."(엡 4:28)

손이 부지런한 사람은 가난해지지 않습니다. 계속 돈을 벌게 되고 부요해집니다. 나도 손이 아주 부지런한 사람입니다. "손을 게으르게 놀리는 자는 가난하게 되고 손이 부지런한 자는 부하게 되느니라."(잠 10:4)

먹고 마시는 일 곧 밥을 먹고 커피를 마시는 일에 자급자족하십시오. 돈이 떨어지면 사람에게 의지하며 구걸하지 말고 부요하신 하나님께 구하십시오. 하나님께 구하면 채워 주십니다. 나도 돈이 떨어지면 하나님께 구했고 그분은 날마다 넘치게 채워 주셨습니다. 성경은 말씀합니다.

"나의 하나님이 그리스도 예수 안에서 영광 가운데 그 풍성한 대로 너희 모든 쓸 것을 채우시리라."(빌 4:19)

'나의 하나님'은 곧 성령님을 말합니다. 당신 안에 계신 성령님이 당신의 모든 쓸 것을 채우실 것입니다. 그것도 종류별로 넘치게 채우실 것입니다. 그러므로 사람을 의지하지 말고 성령님을 의지하십시오.

## 한 달 만에 10킬로 빼는 방법

당신의 몸은 비만이 아닙니까?

지나친 비만은 '만병의 근원'입니다.

비만 때문에 당뇨병, 고혈압, 고지혈증, 협심증, 수면 무호흡증, 통풍, 골관절염, 월경이상, 대장암, 유방암, 간 질환 등 수많은 병이 생깁니다. 비만 자체도 병입니다.

세상은 참 희한합니다. 사흘에 한 끼도 못 먹어 굶어 죽는 사람이 있는가 하면 너무 많이 먹어 살을 빼겠다고 매달 다이어트 식품과 치료제, 다이어트 프로그램에 큰돈을 갖다 바치는 사람도 있습니다. 어떤 이는 쿠키 하나, 빵 한 조각 먹고 그렇게 먹은 만큼 살을 빼겠다고 한 시간 동안 거실에서 힘들게 자전거 페달을 밟기도 합니다.

당신의 몸무게는 지금 얼마이며 거기에 만족합니까?

왜 다이어트 한다고 한 달에 몇 십만 원씩 돈을 씁니까?

나는 돈 안 들이고 다이어트 하는 방법을 깨달았습니다. 그 결과 나는 한 달 만에 10킬로를 뺐습니다. 뚱뚱한 배는 납작해졌고 뒤뚱거리는 몸매는 날씬하고 멋있어졌습니다. 피곤이 사라졌습니다. 당신도 살을 뺄 수 있습니다.

5킬로만 빼도 당신의 몸매는 달라질 것이며 옷 입을 때도 핏이 확 살 것입니다. 걸음걸이도 멋있어집니다.

누구나 한 달 만에 5킬로는 쉽게 뺄 수 있습니다.

어떻게 하면 될까요? 절반만 식사하면 됩니다.

식사량을 절반으로 정하면 금방 살이 빠지고 날씬해집니다. "내 아들은 몸이 너무 말랐어요. 살을 좀 찌우고 싶어요." 그러면 한 달 동안 식사량을 갑절로 챙겨 주면 됩니다. 하루에 세 끼를 먹이되 밥과 반찬을 갑절로 떠 주어 배부를 정도로 먹이면 됩니다. 나는 말합니다. "살이 찌고 싶으면 갑절로 먹고 살 빼고 싶으면 절반만 먹어라."

계속 하라는 것이 아닙니다. 한 달만 하면 됩니다.

한 달만 '갑절 식사'나 '절반 식사'를 실천하여 자신이 원하는 몸무게를 얻으면 다시 평소 때처럼 편안한 마음으로 먹고 싶은 양을 먹으면 됩니다. 음식을 다스리십시오.

일단 자신이 원하는 것이 무엇인지 정확히 알고 그것을 얻어내는 것이 중요합니다. 5킬로, 10킬로, 50킬로, 얼마를 빼고 싶습니까? 그러려면 먼저 뜻을 정해야 합니다.

〈나는 이렇게 113kg을 뺐다〉를 저술한 닉 이판티다스는 뜻을 정하고 8개월 만에 113킬로를 뺐습니다. 212킬로의 거구였던 그가 암 진단을 받고 뜻을 정한 것입니다.

그 후로 몸에서 병이 사라지고 건강한 몸이 되었습니다. 그는 말합니다. "다이어트는 마음을 다스리는 것이다. 살을 빼기 전에 생각부터 바꿔야 한다. 몸을 관리 대상으로 여기라. 잘못된 생각과 생활 습관을 바꾸라. 패스트푸드점에 가지 말고 집에서 건강에 좋은 음식과 간식을 만들어 먹어라. 냉장고에 좋은 재료들로 채워라. 매일 30분에서 한 시간 정도 운동하라. 텔레비전은 조금만 보라."

자기 마음을 다스리는 자가 큰일을 합니다.

먹는 것을 다스리는 사람이 환경도 다스립니다.

하나님의 사람 다니엘은 먹는 일에 뜻을 정했습니다.

"다니엘은 뜻을 정하여 왕의 음식과 그가 마시는 포도주로 자기를 더럽히지 아니하리라 하고 자기를 더럽히지 아니하도록 환관장에게 구하니라."(단 1:8)

다니엘은 하나님을 섬기기 위해 뜻을 정하여 열흘 동안 채식을 했습니다. 그 결과 얼굴이 더욱 아름답고 살이 더욱 윤택해졌습니다. 당신도 먹는 일에 뜻을 정하십시오.

그렇다고 내가 당신에게 채식하라고 권하는 것은 아닙니다. 나도 채식주의자는 아닙니다. 성경에서 먹어도 된다고 한 식물은 다 먹어도 됩니다. 다만 성경에서 먹지 말라고 한 식물은 먹지 말아야 합니다. 더러운 것은 먹지 말고 '곡채과 소양가생' 일곱 가지를 드십시오. "곡식, 채소, 과일, 소고기, 양고기, 가금류(닭, 오리), 생선."

여기서 곡식은 '통곡물'을 말합니다. 그리고 무첨가제 식품을 드십시오. 화학 첨가제가 잔뜩 들어간 것은 절대로 안 됩니다. 마트나 편의점에서 식품을 살 때 꼭 화학 첨가제의 유무를 확인하십시오. 화학 첨가제는 독입니다.

곡식, 채소, 과일, 소고기, 양고기, 가금류, 생선 등 먹고 싶은 것은 종류 별로 다 먹어도 됩니다. 단지 양만 받으로 줄이십시오. 그러면 살이 빠지기 시작할 것입니다.

나는 커피도 조금만 마시고 남는 것은 버립니다.

밥과 국도 작은 그릇에 반만 담습니다. 빵과 면, 과자도 기본은 "먹지 않는다"로 정했습니다. 모임에서 차려 놓으면 조금만 먹습니다. 간식은 견과류를 먹습니다. 우유도 에스프레소 잔에 부어 마십니다. 물도 조금만 마십니다.

"물까지 그래야 하나요?"라고 할 것입니다. 물을 풍선에 담아 보세요. 크게 부풀어 오릅니다. 그걸 저울에 달아 보세요. 물을 담은 만큼 바늘이 오른쪽으로 움직일 것입니다. 물도 음식이고 많이 마시면 살이 찝니다. 어떤 동물도 사람처럼 물을 들고 다니며 홀짝홀짝 마시지 않습니다.

곡식, 채소, 과일, 밥과 국에 물이 들어 있습니다. 밥을 먹으면서 물을 꿀꺽꿀꺽 마시는 습관을 멈춰야 합니다. 물은 목이 마를 때만 조금씩 마시면서 목을 축이면 됩니다.

나는 예전에 기도한다고 14일간 금식한 적이 있는데 물만 마셔도 생명에 아무 지장이 없었습니다. 물을 마시지 말라는 것이 아니라 양을 절반으로 줄이라는 것입니다.

모든 것의 양을 반으로 줄이세요. 그러면 하루에 500그람에서 1킬로 정도는 쉽게 빠질 것입니다. 이렇게 절반 식사를 하면 한 달 만에 80에서 75로, 70에서 65로 살이 빠질 것입니다. 기억하십시오. "절반 식사를 하라."

만약 10킬로를 빼고 싶다면 한 달간 절반 식사를 하면 됩니다. 그러면 당신도 한 달 만에 10킬로 정도가 쉽게 빠질 것입니다. 몸매가 날씬해지면 걸음걸이가 달라지고 옷 입는 것도 달라집니다. 지금 나는 날씬하고 건강하고 군살도 없는 매력적인 몸매를 갖고 있습니다. 입는 옷마다 잘 어울리고 나를 보는 사람들이 멋있다고 말합니다.

패션의 끝은 몸매입니다. 사람들이 온갖 핑계를 대지만 결국 자신이 살찌는 이유는 오만 가지가 아닙니다. 단 한 가지 이유 곧 과식 때문입니다. 날씬해지는 비결도 오만 가지가 아닙니다. 단 한 가지 방법 곧 소식하면 됩니다.

당신도 다이어트에 성공하기 바랍니다.

## 다이어트도 성령님께 물으라

당신은 언제 다이어트를 합니까?

나는 성령님이 다이어트 하라고 하실 때만 합니다.

혹시 시도 때도 없이 다이어트 한다고 몸을 괴롭히지 않습니까? 너무 애쓰지 말아야 합니다. 꼭 필요할 때만 다이어트 하십시오. 솔로몬은 때에 대해 말했습니다.

"범사에 기한이 있고 천하만사가 다 때가 있다. 헐 때가 있고 세울 때가 있다. 찾을 때가 있고 잃을 때가 있다. 지킬 때가 있고 버릴 때가 있다. 전쟁할 때가 있고 평화할 때가 있다. 그러나 하나님이 하시는 일의 시종을 사람으로 측량할 수 없게 하셨다. 사람마다 먹고 마시는 것과 수고함으로 낙을 누리는 그것이 하나님의 선물이다."(전 3:1~13)

때를 모르는 사람은 '시도 때도 없이, 끝도 없이' 하려고 합니다. 사람마다 먹고 마시는 것과 수고함으로 낙을 누리는 것이 하나님의 선물인데 이것을 억제하면 마음이 행복하지 못합니다. 모든 것이 행복을 위해 하는 것인데 왜 끝도 없이 굶으며 몸을 힘들게 합니까?

자기 몸에 대한 만족과 자신감을 가져야 합니다. 365일 내내 다이어트 해야 된다며 강박관념에 사로잡히면 365일 내내 불행합니다. 나는 68킬로그램으로 정했습니다.

아프리카에 사는 많은 사람들이 하루에 한 끼도 제대로 못 먹고 굶주린 배를 움켜쥐고 잠자리에 듭니다. 그들에게는 부요한 사람들이 하루 종일 외치는 "다이어트!"라는 말이 이해되지 않을 것입니다. "왜 돈을 내고 온갖 방법을 동원해서 다이어트를 하지?"라고 말할 것입니다.

동물들도 다이어트 하겠다고 들판을 달리지는 않습니다. 오직 사람만 다이어트 한다고 별짓을 다합니다.

다이어트에 너무 목매지 말아야 합니다.

그러면 언제 다이어트 해야 할까요?

성령님께 물어야 합니다.

'성령님, 언제 다이어트 할까요?'

그러면 성령님께서 구체적으로 말씀해 주십니다.

'3일만 해라. 한 달만 해라. 그만 해라. 안 해도 된다.'

얼마 전에 성령님은 내 마음에 말씀하셨습니다.

'너는 더 이상 다이어트를 안 해도 된다. 다이어트 한다고 너무 애쓰지 마라.'

시도 때도 없이 다이어트 한다고 애쓰면 마음이 행복하지 않습니다. 날씬해지면 몸매에 대한 자신감이 생겨 행복하겠지만 그렇다고 식사량을 계속 줄이기만 하면 몸이 스트레스 받고 마음이 우울해집니다. 나도 하루에 한 끼 정도만 많이 먹어 배를 든든히 채우기 때문에 종일 다이어트 한다고 애쓸 필요가 없는데도 더 날씬해지려는 욕망 때문에 하루에 세 번씩 저울 위에 올라가곤 했습니다.

"더 날씬해져야 돼. 더 살을 빼야 돼."

그렇게 너무 애쓰지 말아야 합니다. 자기도 자신의 가장 좋은 체중과 몸매를 모르는 경우가 많습니다. 성령님은 모든 것을 아십니다. 그러므로 성령님께 물어야 합니다.

"성령님, 어떻게 할까요?"

내가 이런 말을 하면 사람들은 고개를 갸우뚱합니다.

"그런 것을 성령님께 물어도 되나요?"

네, 괜찮습니다. 성령님은 생활의 모든 부분에 지혜와 분별력을 주시는 분입니다. 무작정 계속 다이어트 하지 말고 성령님께 묻고 성령님이 하라고 하시면 하고, 하지 말라고 하시면 하지 마십시오. 계속 먹으면 고도 비만에 걸리고 계속 굶으면 살이 빠져 우울해집니다. 나도 다이어트 한다고 계속 굶으니 우울해지는 것을 느꼈습니다.

사도 바울은 "모든 것을 적당하게 하고 질서대로 하라"(고전 14:40)고 했습니다. 사람은 뭔가 하나에 꽂혀 빠지면 끝도 없이 빠져드는 경향이 있습니다. 끝까지 달려가서 뿌리를 뽑으려고 하는 것입니다. 다이어트 한다고 그렇게 애쓰지 말아야 합니다. 적당한 선에서 만족하고 멈추는 것도 지혜입니다. 그래야 마음이 행복해집니다.

## 날씬하고 건강한 몸을 갖는 비결

당신은 인생에 있어 무엇이 소중하다고 생각합니까?

사람이 원하는 것을 다 가져도 건강을 잃으면 소용없습니다. 목발을 짚고 다니거나 휠체어 타고 다니면서 통장에 수백억 원이 있으면 뭐하겠습니까? 날씬하고 건강한 몸으로 공원을 산책하는 것이 큰 복입니다.

'날씬하고 건강한 몸을 갖는 비결'은 무엇일까요?

### 1. 건강에 대한 믿음을 가져라

당신은 지금 몸의 어디가 안 좋습니까?

몸의 한 부분이 아파도 아프다고 말하지 말고 "다 나았다. 건강하다"고 말해야 합니다. 나는 컨디션이 안 좋고 몸이 좀 아프고 힘들어도 "예수님이 내 대신 채찍에 맞음으로 나의 모든 연약함과 질병을 담당하셨으므로 내 몸의 증상과 상관없이 건강하고 날씬하다"고 말합니다. 그리고 아픈 곳에 손을 얹고 "나사렛 예수 그리스도의 이름으로 명하노니 깨끗이 나을지어다"라고 명령을 내립니다.

그러면 얼마 안 가 컨디션이 좋아지고 또 자고 깨고 하는 중에 몇 개월이 지나면 나도 모르게 내 몸에 있던 모든 질병과 연약함이 사라집니다. 나는 그렇게 해서 피부병, 위장병, 허리와 어깨 통증이 다 나았습니다.

당신도 오늘부터 "아프다, 힘들다, 죽겠다, 피곤하다"고 말하지 말고 "다 나았다. 건강하다. 살겠다. 힘이 넘친다"고 말하기 바랍니다. 그러면 어느 날 신유의 기적이 일어나 모든 병과 연약함이 흔적도 없이 사라지고 "어, 다 나았

네"라고 말하는 날이 올 것입니다.

## 2. 절반 식사를 하라

당신은 하루 동안 얼마나 많은 음식을 먹습니까?

소식할 때 날씬하고 건강한 몸매를 가질 수 있습니다.

'차려진 음식의 절반만 먹어도 내 잔이 넘친다'고 생각하고 과식이나 폭식하지 말아야 합니다. 나는 소식하며 소박하게 삽니다. 위의 절반을 늘 비워 두면 '내장지방'과 '피하지방'이 줄어듭니다. 적게 먹으면 다이어트 한다고 땀 흘리지 않아도 됩니다. 세상에 어떤 동물도 다이어트 하기 위해 몇 시간씩 뛰며 운동하지 않습니다.

동물은 배고프면 먹고 잠이 오면 잡니다. 사람도 배고플 때 먹고 잠 올 때 자면 건강해집니다. 배가 고프지 않은데도 계속 먹으면 살이 찔 수밖에 없습니다. 제발 음식량을 반으로 줄이십시오. 음식을 탐내지 마십시오.

하루에 두 끼나 한 끼만 먹어도 괜찮습니다. 나는 음식을 먹다가 성령님께서 "그만 먹어" 하면 멈춥니다.

성령님은 능력과 사랑과 절제의 영이십니다.

성령님이 "그 일을 하라"고 하시면 하면 되고 "그 사람을 사랑하라"고 하시면 사랑하면 되고 "그 음식을 그만 먹어"라고 하시면 그만 먹으면 됩니다.

순간마다 성령님의 음성에 귀를 기울이십시오.

### 3. 깨끗한 음식만 골라 먹어라

당신은 소중한 몸에 아무거나 집어넣지 않습니까?

지금 먹는 그 음식이 당신의 몸에 들어갈 가치가 있습니까? 그렇지 않다면 돈 주고 사 먹지 마십시오. 하나님이 먹으라고 허락하신 '곡채과 소양가생무'를 드십시오.

식물이 아닌 것에 왜 돈을 지불합니까? 그리스도인은 술과 담배, 마약에 돈을 지불하지 않는 것처럼 하나님이 금하신 더러운 식물에는 돈을 지불하지 말아야 합니다.

나는 곡식, 채소, 과일, 소고기, 양고기, 가금류, 생선, 무첨가제 식품만 골라서 먹습니다. 그런 것만 골라 먹어도 먹을 것이 넘칩니다. 하나님이 먹지 말라고 금하신 것을 어기고 먹으니 아무리 많이 먹어도 영양이 부족하고 많이 먹을수록 더 피곤해지는 것입니다.

한 청년이 돼지고기와 햄, 소시지를 냉장고에 가득 쌓아 두고 매일 배가 터질 정도로 먹어 몸무게가 120킬로가 되었는데, 너무 피곤하고 힘들어 병원에 가니 의사가 '영양실조'라는 진단을 내렸습니다. 놀랍지 않습니까? 더러운 식물과 가공품을 많이 먹는 것보다 하나님이 먹으라고 하신 깨끗한 식물을 조금 먹는 것이 건강에 더 좋습니다.

당신의 몸은 거룩한 하나님의 성전입니다. 제발 더러운 것을 배에 채워 넣지 말고 깨끗한 것만 넣으십시오.

자동차를 만들 때 "휘발유를 넣어라. 경유를 넣어라"고 정해져서 나옵니다. 휘발유 차에 경유를 넣으면 엔진이 망가져 엄청난 수리비가 들고 심한 경우엔 몇 백만 원을 들여 엔진을 교체해야 합니다. 엔진을 교체한 후에도 동일한 실수를 의도적으로 하지는 않을 것입니다. 그런데 사람들이 자기 몸에는 그렇게 합니다. 그래서 일찍 죽습니다.

당신의 몸을 만드신 하나님이 "깨끗한 걸 먹어라. 더러운 걸 먹으면 죽는다"고 정하셨습니다. 그런 몸에 겁도 없이 더러운 걸 집어넣으면 위장이 망가지고 신체 기관이 마비되어 건강을 망치게 됩니다. "타이어를 먹어도 내 위장은 괜찮아, 그동안 별 일 없었잖아"라며 교만 떨지 말고 제발 하나님의 말씀을 듣고 순종하십시오.

하나님이 우리 모두에게 명령하셨습니다. "내가 너희를 위하여 부정한 것으로 구별한 짐승이나 새나 땅에 기는 것들로 너희의 몸을 더럽히지 말라."(레 20:25)

### 4. 스트레칭과 스쿼트를 하라

당신은 몸매를 관리하기 위해 운동을 합니까?

나는 10년 동안 '몸 늘이기 스트레칭'을 꾸준히 해 왔습니다. 스트레칭은 아침저녁으로 잠깐만 하면 됩니다. 스쿼트도 아침저녁으로 15개씩 3세트 정도만 하면 됩니다.

이렇게 스트레칭과 스쿼트를 하는데 5분 5분, 총 10분밖에 걸리지 않습니다. 그런데 납작 배가 되고 허벅지와 종아리가 탄탄해집니다. 복근도 저절로 생깁니다. "만약 한 가지 운동만 해야 한다면 스쿼트를 하라"는 말이 있을 정도로 스쿼트는 중요합니다. 근력 운동을 꼭하십시오.

〈기적의 근력 운동〉을 저술한 다키시마 미카는 92세 할머니인데 "당신 요즘 뚱뚱해졌어. 몸매가 왜 그래?"라는 남편의 말 한 마디에 충격을 받고 살을 빼기로 뜻을 정했습니다. 친구들이 "너무 늦었어. 내 나이가 얼만데"라고 말할 때 그녀는 65세에 헬스장에 등록해서 근력 운동을 시작했고 식습관도 바꾸어 15킬로를 뺐습니다. 70세부터 다리 찢기와 수영과 마라톤에 도전했고 80세에 바벨 들기에 도전했습니다. 87세에는 헬스 트레이너가 되었고 지금 92세인데 영어를 배운다고 했습니다. 그녀는 말합니다.

"나는 근력 운동을 하면서부터 몸이 건강하고 젊어졌다. 지금도 새로운 것을 배우는데, 내 심장이 두근거린다."

하루에 10분씩이라도 꼭 운동하십시오.

## 5. 매일 한 시간 정도 산책하라

당신은 하루에 몇 분 정도 산책합니까?

나는 매일 시간을 내어 한두 시간씩 꼭 산책하는 편입니다. 오전에는 성령님과 단 둘이 산책합니다. 집 앞에 있는 공원을 한 바퀴 돌면 한 시간 정도 걸리는데 그동안 성령님과 친밀한 대화를 나누면서 감사하고 기도하고 간구하고 찬미합니다. 오후에도 아내와 함께 한 시간 정도 동네와 공원을 산책하면서 아내와 많은 대화를 나눕니다. 그래서 우리는 결혼한 지 20년이 넘었지만 한번도 권태기가 없었고 연애 시절과 같이 늘 마음이 설렙니다.

당신도 동네와 공원을 산책하기 바랍니다.

## 6. 하루에 8시간 잠을 푹 자라

당신은 하루에 몇 시간씩 잠을 잡니까?

나는 하루에 8시간 잠을 챙겨서 잡니다. 저녁 10시에 자면 다음날 아침 6시에 눈이 떠집니다. 8시에 자면 4시에 일어나고 12시에 자면 8시에 일어납니다. 8시간 자면 자동으로 눈이 떠집니다. 그것도 몸과 마음이 찌뿌둥한 것이 아닌 최상의 컨디션으로 잠에서 깹니다. 그러면 하루 종일 걷고 뛰어다녀도 피곤하거나 지치지 않습니다.

내가 그렇게 잠을 매일 8시간씩 푹 자기 때문에 남들보다 더 많은 일을 해내는 것입니다. 잠을 푹 자서 컨디션이 좋으니까 오전에 중요한 일을 다 끝냅니다. 아침에 책을 읽고 책을 씁니다. 산책하며 기도합니다. 집에서는 아내가 요리한 그릇을 설거지하고 음식물 쓰레기와 재활용을 버리고 스트레칭과 스쿼트를 합니다. 주차장에 내려가 자동차도 깨끗이 닦고 내부도 청소하고 소독합니다.

내가 그동안 수많은 책을 써내고, 전국과 세계를 다니며 강연하고, 결혼해서 네 명의 자녀를 키우고, 아내와 연애하듯이 산책하고 대화하며 행복하게 사는 것은 잠을 8시간 푹 자기 때문입니다. 잠자는 것은 결코 아까운 시간이 아닙니다. 잠자는 동안 모든 피곤이 사라지고 다시 일할 수 있는 새 힘을 얻게 됩니다. 잠자는 동안에도 온몸은 정지 상태가 아닙니다. 쉬지 않고 일합니다. 그래서 자고 나면 전날 밤보다 살이 1킬로 정도 빠져 있습니다.

당신은 어떻습니까? 수면력을 키우십시오.

기억력, 집중력, 이해력, 창의력, 몰입력, 거래력, 협상력, 설득력, 강연력, 저술력, 둔감력, 통치력, 요리력, 운동력, 재정력 등 수백 가지의 능력이 성공하는데 있어 중요한 역할을 하지만 그 모든 것에 가장 기초가 되는 것이 있다면 '수면력'입니다. 수면력이 무너지면 다 무너집니다.

사람이 잠을 못 자는 것은 염려와 근심 때문입니다.

당신은 지금 무엇을 염려하고 근심합니까? 염려하지 마십시오. 복음을 전하다가 잡힌 사도 베드로는 내일 목이 잘려 죽게 되었는데도 감방에서 드르렁드르렁 코를 골며 잠을 잤습니다. 그렇게 자는 동안에도 하나님은 계속 일하셨고 그의 천사를 보내 옥문이 열리게 하셨습니다. 야곱도 벧엘에서 돌베개를 베고 잠자는 동안 복을 받았습니다. "하나님은 잠을 자는 동안에도 내게 복을 주신다"고 믿고 오늘부터 하루에 8시간씩 잠을 챙겨 푹 자기 바랍니다.

"너희가 일찍이 일어나고 늦게 누우며 수고의 떡을 먹음이 헛되도다. 그러므로 여호와께서 그의 사랑하시는 자에게는 잠을 주시는도다."(시 127:2)

### 7. 형제를 용서하고 사랑하라

당신은 마음에 미워하는 사람이 없습니까?

어떤 사람을 미워하면 당신의 마음에서 독이 올라옵니다. 그 사람을 떠올릴 때마다 스트레스가 되어 몸이 피곤해지고 병이 생깁니다. 나도 미움과 원한과 분노가 있었지만 주님의 음성을 듣고 하루 만에 다 해결했습니다. 여기에 대한 내용은 〈용서의 비결〉이란 책에 담았습니다.

주님은 말씀하셨습니다. '내가 그 사람을 용서했으니 너도 그 사람을 용서하라.' 그 음성을 듣는 순간 10년 동안 용서하지 못했던 사람이 1분 만에 용서되었습니다.

남편, 자녀 등 인간관계 때문에 염려하고 있습니까?

주님께서 내 마음에 이렇게 말씀하셨습니다.

'너는 왜 염려하고 두려워하느냐? 믿음이 있는 사람은 염려가 없고 염려가 있는 사람은 믿음이 없다. 사랑이 있는 사람은 두려움이 없고 두려움이 있는 사람은 사랑이 없다. 용서가 있는 사람은 미움이 없고 미움이 있는 사람은 용서가 없다. 너에게는 무엇이 가득하냐?'

'네, 주님. 저에게는 하나님이 주신 믿음과 사랑과 용서가 가득합니다. 그러므로 제 마음에 염려와 두려움과 미움은 없습니다. 제 마음에 생기는 염려와 두려움과 미움은 사탄이 주는 나쁜 감정들입니다. 그러므로 저는 예수 이름으로 마귀를 대적하고 염려와 두려움과 미움을 꾸짖어서 쫓아내겠습니다. 예수 이름으로 다 떠나가라.'

그렇습니다. 염려와 두려움과 미움은 사탄이 가져오는 것입니다. 하나님은 당신에게 염려와 두려움과 미움을 준 적이 없습니다. 무엇을 주셨습니까? "하나님이 우리에게 주신 것은 두려워하는 마음이 아니요 오직 능력과 사랑과 절제하는 마음이니"(딤후 1:7)라고 했습니다.

당신은 어떤 사람과 사건이 두렵습니까? 두려워하지 마십시오. 모든 것을 이해하고 용서하고 받아들이십시오.

"사랑 안에 두려움이 없고 온전한 사랑이 두려움을 내쫓나니 두려움에는 형벌이 있음이라. 두려워하는 자는 사랑 안에서 온전히 이루지 못하였느니라."(요일 4:18)

사랑 안에는 두려움이 없고 두려움 안에는 사랑이 없습니다. 온전한 사랑은 두려움을 내쫓습니다. 두려움에는 형벌이 있습니다. 당신에게 일어난 모든 일을 있는 그대로 받아들이십시오. 그 문제를 당신이 나서서 완벽하게 처리하려고 애쓰지 마십시오. 먼지 같이 작은 일입니다.

전능하신 성령님의 손에 완전히 맡기고 있는 그대로 두십시오. 주님이 다 해결하십니다. "너희 염려를 다 주께 맡기라. 이는 그가 너희를 돌보심이라. 내 사랑하는 자들아, 너희가 친히 원수를 갚지 말고 하나님의 진노하심에 맡기라 기록되었으되 원수 갚는 것이 내게 있으니 내가 갚으리라고 주께서 말씀하시니라."(벧전 5:7, 롬 12:19)

당신을 힘들게 하는 원수와 적수가 있습니까?

그들을 이해하고 용서하고 사랑하십시오. 그들이 당신을 찾아와 계속 힘들게 하면 다윗이 사울을 피한 것처럼 피하십시오. 하지만 그를 미워하며 분노하지는 마십시오.

당신의 마음에 그를 향한 미움과 분노가 일어나면 즉시 사랑이 사라지고 두려움과 불안이 밀려오게 됩니다.

미움과 분노는 살인죄와 같습니다. "그 형제를 미워하는 자마다 살인하는 자다"(요일 3:15)라고 했고 "너는 네 형제를 마음으로 미워하지 말라"(레 19:17)고 했습니다.

혼자서 마음으로도 형제를 미워하지 말고 사랑하십시오. 당신 안에 가득히 들어와 계신 하나님은 '사랑'이십니다. 미워하지 않고 사랑하면 건강해집니다. 하나님을 사랑하고 자신을 사랑하고 형제를 사랑하십시오.

## 성령님과의 사랑에 푹 빠져 살라

당신의 인생은 앞으로 어떻게 될까요?

나는 그것을 잘 알고 있습니다. 나는 당신에게 예언합니다. 당신의 인생은 다 잘될 것입니다. 조건이 하나 있습니다. 세상에 있는 어떤 것보다 하나님을 더 사랑해야 합니다. 그분은 질투하시는 분입니다. "우리가 알거니와 하나님을 사랑하는 자 곧 그의 뜻대로 부르심을 입은 자들에게는 모든 것이 합력하여 선을 이루느니라."(롬 8:28)

당신이 잘되려면 하나님의 뜻대로 살아야 합니다.

하나님의 뜻은 무엇일까요? 단순합니다. 온 마음을 다해 하나님을 사랑하는 것입니다. “하나님을 사랑하는 자 곧 그의 뜻대로 부르심을 입은 자들에게는”이라고 했기 때문입니다. 하나님을 사랑하는 사람은 과거와 현재와 미래의 모든 일이 합력하여 선을 이루기 때문에 성공합니다.

하나님은 어디 계십니까? 요한복음 14장 17절에 “그는 너희와 함께 거하심이요 또 너희 속에 계시겠음이라”고 했습니다. 하나님은 지금 성령으로 당신 안에 가득히 들어와 계시고 당신을 덮고 계십니다. 그분을 사랑하십시오.

“성령님을 사랑하는 것이 나를 향한 하나님의 뜻이다. 성령님을 사랑하는 나는 모든 것이 합력하여 선을 이룬다. 결국 믿음의 조상으로 큰 복을 받고 크게 성공한다.”

나는 매일 아침에 일어나면 가장 먼저 하는 말이 있습니다. “성령님, 사랑합니다”입니다. 그리고 하루 종일 생활하면서 가장 많이 하는 말이 있습니다. 동일합니다.

“성령님, 사랑합니다.”

나는 그동안 많은 복을 받았습니다. 왜일까요?

성령님을 사랑하기 때문입니다. 자기와 함께 계신 하나님 곧 성령님을 사랑하는 사람은 모든 환난과 역경과 고난이 합력해서 선을 이루어 큰 복을 받게 됩니다.

성령님은 아버지의 영이요 예수의 영이십니다.

나는 숨 쉬고 눈 깜박이는 모든 순간에도 성령님을 사랑합니다. 성령님도 나를 많이 사랑하십니다.

성령님은 마음을 다하고 목숨을 다하고 뜻을 다하고 힘을 다해 나를 사랑하시는 분입니다. 그래서 하늘 보좌를 버려두고 이 땅에 오셨습니다. 당신도 마음을 다하고 목숨을 다하고 뜻을 다하고 힘을 다해 성령님을 사랑하기 바랍니다. 그러면 당신을 사랑하시는 성령님이 모든 것을 합력하여 선을 이루시므로 당신의 결말은 복을 받게 됩니다.

욥의 결말이 그랬습니다. 그는 큰 환난을 겪고 가족과 건강을 다 잃었지만 갑절의 복을 받았습니다. 욥은 자신이 그런 결말을 얻을 줄 꿈에도 상상 못했을 것입니다.

욥이 어떤 상상을 했든, 어떤 기대를 했든, 어떤 기도를 했든, 하나님은 그 이상의 큰 복을 주셨습니다.

"보라, 인내하는 자를 우리가 복되다 하나니 너희가 욥의 인내를 들었고 주께서 주신 결말을 보았거니와 주는 가장 자비하시고 긍휼히 여기시는 이시니라."(약 5:11)

그렇습니다. 하나님은 당신이 상상한 모든 것보다 더 큰 복을 주십니다. 하나님은 당신이 기대한 모든 것보다 더 큰 복을 주십니다. 하나님은 당신이 기도한 모든 것보다 더 큰 복을 주십니다. 나는 실제로 그런 복을 받았습니다. 하나님은 가장 자비하시고 긍휼이 많으신 분입니다.

그러므로 성령님을 사랑하십시오. 성령님을 더 많이 사랑하십시오. 이것이 당신을 향한 하나님의 뜻입니다.

당신은 성령님의 애인입니다. 이렇게 고백하십시오.

"성령님, 많이 사랑합니다."

## 예수 이름으로 질병을 꾸짖으라

당신은 최상의 컨디션을 유지하고 있습니까?

나는 아침에 일어나면 컨디션이 좋든 나쁘든 상관없이 "나는 건강하다"는 믿음으로 하루를 출발합니다. 그리고 하루 종일 건강에 대한 믿음으로 삽니다. 연약함과 질병은 어떤 경우에도 받아들이지 않고 거부합니다.

컨디션이 안 좋으면 예수 이름으로 명령을 내립니다.

"예수 이름으로 명하노니 연약함과 질병은 떠나가라."

그렇게 명령하고 "다 나았음을 감사드립니다"라고 기도합니다. 그러면 얼마 안 가 연약함과 질병은 다 떠나가고 다시 건강해집니다. "예수 이름으로 명령을 내렸지만 아직 증상이 남아 있는데요?" 그래도 당신은 건강합니다.

주님께서 말씀하십니다.

"그래도 너는 건강하다고 믿어야 한다. 통증과 현상을

믿지 말고 '그가 채찍에 맞음으로 너희가 나음을 얻었다'는 내 말을 믿어라. 한 번 기도하고 구한 것은 시간과 공간을 초월해서 이미 받았다고 믿어라. 그러면 자고 깨고 하는 중에 날마다 몸이 좋아져서 네가 믿은 그대로 건강한 몸을 얻게 된다. 초자연적인 치유의 능력이 나타나 네 몸에서 모든 병과 연약함이 다 사라질 것이다."

그렇습니다. 믿음은 바라는 것들의 실상이라고 했습니다. 눈에 보이는 상처, 현상, 증상, 통증 등의 '일시적인 허상'을 믿지 말고 기도하고 구한 것을 이미 받았다는 '영원한 실상'을 믿어야 합니다. 이것이 믿음입니다.

나사렛 예수 그리스도의 이름으로 모든 연약함과 질병을 향해 명령하며 꾸짖으십시오. 그러면 예수 이름의 능력이 성령을 통해 당신 안에서 일하게 될 것입니다.

당신이 건강한 몸으로 장수하는 것이 하나님의 뜻입니다. 120세, 200세까지 건강하게 살기 바랍니다.

### 예수님이 채찍에 맞음으로 나았다

당신은 병 고침을 얻기 위해 어떤 노력을 하고 있습니까? 병 고침을 받고 건강해지기 위한 값은 예수님이 십자가에서 다 지불하셨습니다. 예수님이 채찍에 맞음으로 당신은 나음을 입었습니다. "나음을 입었다"는 것은 현재 완료형이고 과거형입니다. 이미 성취되었다는 말씀입니다.

"나을 것이다, 건강해질 것이다"라는 말이 아닙니다.

"완전히 나았다, 깨끗해졌다"는 말입니다.

그러므로 당신은 이렇게 믿고 살아가야 합니다.

"비록 내 피부에 부스럼이 나 있고 발가락이 갈라진다 할지라도 나는 예수 그리스도 안에서 이미 다 나았다."

"나는 완벽한 건강을 가진 사람이다. 예수님께서 채찍에 맞으시므로 그 몸에 골이 파이고 살이 찢겼고 피가 터져 나왔다. 그분이 내 모든 질병과 연약함을 다 가져가셨다. 내 질병은 십자가에서 다 해결되었다. 그리스도 안에서 나는 새로운 피조물이 되었고 건강한 사람이다. 나는 모든 병에서 나음을 입었고 완벽한 건강을 갖고 있다."

당신의 질병은 예수님이 십자가에서 다 해결하셨고 당신의 모든 연약함은 갈보리 언덕으로 완전히 옮겨졌습니다. 그러므로 "나는 건강하다"라고 믿고 말하며 살아가야 합니다. 그럴 때 병과 연약함이 떠나가고 건강한 몸을 가지게 됩니다. 건강에 대한 믿음을 갖고 살아갈 때 건강을 누리게 됩니다. 많은 사람들이 건강이 아닌 질병과 연약함을 믿고 있습니다. 당신은 지금 무엇을 믿고 있습니까?

암을 믿지 말고 치유와 건강을 믿으십시오. 그렇게 믿어도 한동안 질병과 연약함의 증상이 나타날 수 있습니다.

그러나 그 모든 것은 허상입니다. 실상은 무엇입니까?

통증이 아닌 당신이 믿고 바라는 것입니다. 믿음은 '현상'이 아닙니다. 믿음은 '바라는 것들'이 아닙니다. 바라는 것들은 소망입니다. 믿음은 '바라는 것들의 실상'입니다.

"믿음은 바라는 것들의 실상이요 보이지 않는 것들의 증거니 선진들이 이로써 증거를 얻었느니라."(히 11:1)

그러므로 실상만 말해야 합니다. "나는 건강해. 나는 다 나았다"라며 당신이 진정으로 원하는 것만 믿고 말하며 살아야 합니다. 나는 그렇게 치유와 건강만 믿고 살아왔습니다. "나는 나았다. 건강하다"라고 믿고 살 때 어느 정도 시간이 지나자 연약하고 아픈 증상이 다 사라졌습니다.

"아파 죽을 지경인데 어떻게 나았다고 말해요?"

통증과 증상에 대해 예수 이름으로 명령하고 꾸짖으십시오. 귀신을 꾸짖고 병을 꾸짖고 현상을 꾸짖으십시오.

예수님은 귀신과 질병과 현상을 꾸짖으셨습니다.

첫째, 예수님은 귀신을 꾸짖었습니다.

"이에 예수께서 꾸짖으시니 귀신이 나가고 아이가 그때부터 나으니라."(마 17:18)

둘째, 예수님은 질병을 꾸짖었습니다.

"예수께서 가까이 서서 열병을 꾸짖으신대 병이 떠나고 여자가 곧 일어나 저희에게 수종 드니라."(눅 4:39)

셋째, 예수님은 현상을 꾸짖었습니다.

"예수께서 잠을 깨사 바람과 물결을 꾸짖으시니 이에 그쳐 잔잔하여지더라."(눅 8:24)

어떤 사람은 이렇게 말할 것입니다.

"예수님이니까 그렇죠? 나는 예수님이 아닌데요."

예수님은 당신에게 성령의 힘과 권세를 주셨습니다.

주님이 주셨으면 당신은 받은 것입니다. "예수께서 그의 열두 제자를 부르사 더러운 귀신을 쫓아내며 모든 병과 모든 약한 것을 고치는 권능을 주시니라."(마 10:1)

당신의 몸에 손을 얹고 명령을 내리십시오.

"내 몸에서 모든 연약함과 질병은 떠나가라."

이것은 모든 믿는 자에게 주신 합법적인 권리입니다.

"믿는 자들에게는 이런 표적이 따르리니 곧 그들이 내 이름으로 귀신을 쫓아내며 새 방언을 말하며 뱀을 집어올리며 무슨 독을 마실지라도 해를 받지 아니하며 병든 사람에게 손을 얹은즉 나으리라 하시더라."(막 16:17~18)

한 번만 명령하지 말고 습관을 따라 명령하십시오.

오늘도 명령하고 내일도 명령하십시오. 그러면 어느 순간 그 모든 연약함과 질병이 떠나가고 흔적도 없게 될 것입니다. "병원에 가거나 약을 쓰면 안 되나요?"

그래도 괜찮습니다. 바울은 디모데에게 말했습니다.

"이제부터는 물만 마시지 말고 네 비위와 자주 나는 병을 인하여 포도주를 조금씩 쓰라."(딤전 5:23)

하나님은 자연적인 은총과 초자연적인 은총, 모두를 통해 당신이 건강한 삶을 살기를 원하십니다. 수술과 약, 좋은 음식, 하루에 8시간 수면 등을 잘 챙기면 병이 낫습니다. 하나님이 주신 모든 것을 활용해서 병이 낫고 건강한 삶을 살아야 합니다. 이것이 하나님의 뜻입니다.

아픈 것은 하나님의 선하시고 기뻐하시고 온전하신 뜻이 아닙니다. "저가 채찍에 맞음으로 너희가 나음을 얻었나니"(벧전 2:24)라는 말씀대로 그분은 당신이 완전히 나음을 입고 평생 건강하게 살기를 원하십니다.

자녀가 아파서 누워 있으면 부모의 가슴이 아픈 것처럼 당신이 아파 누워 있으면 하나님 아버지의 가슴도 찢어질 듯 아프십니다. 하나님은 "나는 너희를 치료하는 여호와니라"고 하셨습니다. 예수님도 "병든 자에게는 의원이 필요하다"고 말씀하셨습니다. 예수님은 큰 의원이십니다.

하나님은 당신이 의도적으로 건강을 주장하며 누리기를 원하십니다. 병이 있으면 예수 이름으로 명령을 내리고 또 평소에 잘 먹고 충분한 휴식과 잠을 청함으로 자신에게 주어진 건강을 꾸준히 관리하며 지켜야 합니다.

## 예수 이름으로 명령하라

당신은 예수 이름으로 명령합니까?

나는 모든 문제에 대해 예수 이름으로 명령합니다.

산을 향해 명령하듯이 재정 문제도 명령합니다.

“예수 이름으로 내게 필요한 재정이 들어와라.”

질병도 명령해야 합니다. 몸에 어떤 작은 병이라도 있으면 가만 두지 말고 예수 이름으로 명령하며 꾸짖어야 합니다. 예수님은 열병이든 간질이든 명령을 내려 병을 고치셨습니다. 강력하게 꾸짖으며 병을 몰아내셨습니다.

나는 예전에 손목에 난 큰 부스럼으로 고생한 적이 있습니다. 아무리 약을 발라도 낫지 않아서 받아들이기로 마음먹고 이렇게 생각했습니다. ‘나는 원래 피부가 약해서 자주 부스럼이 나는가 봐. 이건 어쩔 수 없는 것 같아. 그냥 포기하고 내 몸의 연약함을 받아들여야겠다.’

그러던 어느 날 성경을 보는데 놀라운 말씀을 보게 되었습니다. 그것은 “예수가 우리의 연약함을 짊어지셨도다”는 말씀입니다. 나는 충격 받았습니다. 그동안은 예수님이 나의 병만 짊어지신 줄 알았는데, 나의 연약함도 다 짊어지셨다고 말씀하고 있었던 것입니다. "이는 선지자 이사야로 하신 말씀에 '우리 연약한 것을 친히 담당하시고 병을 짊어지셨도다' 함을 이루려 하심이더라."(마 8:17)

예수님은 모든 병과 모든 약한 것을 받아들이지 않고 적극적으로 고치셨습니다. "예수께서 모든 성과 촌에 두루 다니사 저희 회당에서 가르치시며 천국 복음을 전파하시며 '모든 병과 모든 약한 것'을 고치시니라."(마 9:35)

예수님은 열두 제자 모두에게 귀신을 쫓고 모든 병과 모든 약한 것을 고치는 권능을 주셨습니다. "예수께서 그 열두 제자를 부르사 더러운 귀신을 쫓아내며 '모든 병과 모든 약한 것'을 고치는 권능을 주시니라."(마 10:1)

모든 병이 낫는 것만 아니라 모든 연약한 부분이 강해지는 것도 하나님의 뜻이라는 깨달음을 얻는 순간, 나는 그 부스럼이 난 곳에 손을 대고 예수 이름으로 강력하게 꾸짖었습니다. "연약한 것은 당장 떠나가라!"

한두 번 명령했는데 그 다음날 아침에 일어나서 보니 깨끗이 사라졌습니다. 6개월간 나를 힘들게 했던 부스럼이 나은 것입니다. 신기한 일이었습니다.

그리고 얼마 전에는 손가락에 또 부스럼이 났기에 나는 예전에 하던 방식대로 "예수님의 이름으로 부스럼은 떠나가라"고 명령을 내렸는데 전혀 차도가 없었습니다.

그 부스럼은 몇 개월 동안 나를 귀찮게 했고 오히려 조금씩 더 크게 번져 나갔습니다. 나는 '이 정도는 괜찮아. 내 손가락뼈도 근육도 모두 튼튼하니 생활하는 데는 아무 지장이 없어'라고 생각했는데 시간이 지날수록 더 간지러웠고 긁으면 피가 났습니다. 그때 나는 생각했습니다.

'예수님께서 채찍에 맞음으로 내가 나았는데 왜 이렇게 피부병으로 고생해야 하나? 이건 아니잖아.'

예수님께서 채찍에 맞음으로 다 나았다면, 내가 증상 때문에 더 이상 고생할 필요가 없다는 믿음으로 증상을 없애기 위해 동네 병원에 찾아갔습니다. 피부과 의사에게 보여주니 "별거 아니에요" 하며 레이저로 잠깐 치료하고 약을 처방해 주었는데 그것을 먹고 나니 다음날 부스럼이 가라앉았고 이틀 후에는 완전히 나았습니다.

당신도 나았다는 믿음으로 증상을 치료하십시오.

## 좋은 음식을 먹으면 강건해진다

당신은 평소에 어떤 음식을 즐겨 먹습니까?

"내가 먹는 것이 내 몸이 된다"고 말합니다. 먹는 것이 성격도 형성합니다. 흉측한 것을 먹으면 흉측해집니다.

하나님은 가증한 것을 먹지 말라고 하셨습니다. “가증하다”는 말은 ‘흉측하고 더럽다’는 뜻이 있습니다.

더러운 것을 먹으면 똥에 똥파리가 몰리듯 더러운 몸이 되고 깨끗한 것을 먹으면 깨끗한 몸이 됩니다. 더러운 몸이 되면 더러운 귀신이 붙고 더러운 병이 생기게 됩니다.

예수님은 “더러운 귀신아!”라고 꾸짖으셨습니다.

하나님은 우리를 위해 좋은 식물을 예비해 놓으셨습니다. 예수님은 죽은 자를 살리신 후에 그에게 “먹을 것을 주라”고 지시하셨습니다. 죽은 사람이 살아나는 것만큼 먹는 것도 중요합니다. 바울은 예수님을 만난 후에 다메섹에서 사흘 동안 금식했는데 “그 후에 음식을 먹으매 강건해졌다”(행 9:19)고 했습니다. 그렇다고 바울이 성경에서 금한 더러운 음식을 먹은 것이 아닙니다. 바울은 성경에서 먹으라고 한 좋은 음식만 먹었습니다. 당신의 몸이 힘을 얻고 강건해지려면 좋은 음식을 잘 챙겨 먹어야 합니다.

우리는 성경에서 말하는 좋은 음식 곧 곡채과 소양가생(곡식, 채소, 과일, 소고기, 양고기, 가금류, 생선)을 먹고, 꾸준히 운동하고, 충분한 수면을 취함으로 건강해집니다.

필요에 따라 약을 먹고 수술도 해야 합니다. 이런 자연은총을 통해 해결되지 않는 연약함과 질병은 예수님의 이름으로 강력하게 꾸짖으며 떠나라고 명령해야 합니다.

"예수 이름으로 명하노니, 모든 병은 사라져라."

하나님의 자녀인 당신이 건강하고 행복하게 사는 것이 하나님의 뜻입니다. 그러므로 하나님께서 당신에게 주신 모든 은총을 사용해서 연약함과 질병을 몰아내고 건강을 누려야 합니다. 당신은 건강을 누릴 자격이 있습니다.

당신은 아플 권리가 없습니다. 제발 아프지 마십시오.

나는 평생 연약함과 병이 없이 건강한 몸으로 120세까지 살기로 결심했습니다. 그래서 날마다 "머리끝에서 발끝까지 나는 완벽한 건강을 갖고 있다"고 믿고 삽니다.

나는 군대에 있을 때 '봉와직염'이라는 발가락이 썩어 들어가는 병에 걸려 보름 동안 병실에 입원한 적이 있습니다. 의사가 매일 내 발을 소독하고 치료해 주었습니다.

또 영양이 풍부한 음식을 챙겨 주어서 먹으니 금방 낫게 되었습니다. 병원에 가면 수술하고 치료해 줍니다. 약도 먹지만 특히 건강에 좋은 음식을 먹도록 권합니다.

"음식을 먹으매 강건하여지니라."(행 9:19)

하나님은 우리 몸에서 위장병, 두통, 우울증이 사라지기를 원하십니다. 요즘은 사람들에게 우울증이 참 많은 것 같습니다. 불황으로 인한 염려와 근심, 걱정에 마구 휩쓸려 가는 것 같습니다. 사실 불황보다 더 무서운 것이 '불황에 대한 소문'이며 그것보다 더 무서운 것은 '불황에 대한 믿음'입니다. 다들 "힘들다. 어렵다. 죽겠다. 못 살겠다" 하니까 너도나도 낙심하게 되고 우울증에 걸리는 것입니다. 하나님의 자녀에게는 불황이 없습니다.

나는 재정 문제에 대해 전능하신 하나님을 믿습니다.

"하나님이 하루 만에 다 주신다. 없는 것은 만들어서라도 주신다. 어떻게든 주신다. 오늘도 기적이 일어난다."

전능하신 하나님을 믿는 믿음으로 담대하게 사십시오.

## 종일 찬송하고 부르짖으라

당신에게 가장 큰 문제가 무엇입니까?

"네, 좋아요. 저도 지금 겪는 돈, 명예, 권세, 건물, 학벌, 숫자 등 모든 문제가 언젠가는 해결된다고 믿어요. 때가 되면 밀린 결제도 다 해결되겠죠. 하지만 나를 가장 괴롭게 하는 문제는 사람 곧 '원수'입니다. 이놈의 원수는 없어지지도 않고 매일 나타나서 나를 괴롭힙니다."

당신에게 찾아오는 원수 때문에 마음이 괴롭다고요?

원수 때문에 스트레스를 받으면 건강이 금방 망가집니다. 그렇다면 최대한 원수를 만나지 말고 지혜롭게 피하십시오. “원수는 외나무다리에서 만난다”는 속담이 있지만 꼭 그렇게 원수를 만나야 할 필요가 없고 매일 만나거나 자주 만날 필요도 없습니다. 성령님께 지혜를 구하며 원수를 피하십시오. 원수가 두려워서가 아니라 싫어서입니다. 원수의 부정적인 말이 당신을 더럽힙니다. 원수를 만나 대화하면서 그런 더러운 말을 들을 필요가 없습니다.

당신 안에 계신 예수님이 원수보다 억만 배나 크시기 때문에 원수를 두려워할 필요는 없습니다. 하지만 원수는 개가 토하는 것처럼 부정적인 저주의 말을 마구 쏟아 놓기 때문에 만나서 이로울 것이 하나도 없습니다. 그런 더러운 원수는 피해야 합니다. 예수님이 말씀하셨습니다. “너희는 뱀 같이 지혜롭고 비둘기처럼 순결하라.”(마 10:16)

예수님은 원수인 헤롯왕을 피하셨습니다. 바울은 마가 요한을 선교 여행에 데리고 가지 않겠다며 바나바와 대판 싸웠습니다. 물론 마가 요한은 나중에 변화되었습니다.

바울도 처음엔 미친 멧돼지처럼 날뛰며 그리스도인을 박해하는 교회의 원수였지만 다메섹 길에서 예수를 만나 완전히 변화되었습니다. 사도가 된 바울은 말했습니다.

“내가 전에는 비방자요 박해자요 폭행자였으나 도리어 긍휼을 입은 것은 내가 믿지 아니할 때에 알지 못하고 행하였음이라. 죄인 중에 내가 괴수니라.”(딤전 1:13, 15)

하지만 그가 변화되기 전까지는 모든 그리스도인들이 그를 피해 다녔고 은밀히 숨었습니다. 당신에게도 사울 같은 비방자, 박해자, 폭행자가 있습니까? 언젠가는 하나님께서 그 사람을 변화시킬 것입니다. 하지만 그때까지는 그를 만나거나 그와 부딪히지 말고 조용히 피하십시오.

원수를 피하는 것이 하나님의 지혜입니다.

"슬기로운 자는 재앙을 보면 숨어 피하여도 어리석은 자는 나가다가 해를 받느니라."(잠 22:3)

원수는 뱀처럼 지혜롭게 피하십시오. 다윗도 자기를 추격해 오는 원수인 사울 왕을 매일 피해 다녔습니다.

다윗은 골리앗을 죽인 용사였고 또 블레셋 군사 200명을 죽이고 포피를 베어 온 전사였기 때문에 사울도 한 칼에 죽일 수 있었습니다. 하지만 하나님이 기름 부은 왕이므로 그를 건드리지 않고 뱀처럼 지혜롭게 피해 다녔습니다. 내게도 까닭 없이 몇 년 동안 나를 미워하고 공격하는 원수가 있어 내 마음이 너무 힘들고 괴로웠습니다. 나는 그런 원수가 많은 것처럼 느껴져서 기도했습니다.

"주님, 제게는 왜 이렇게 원수가 많나요?"

그런데 주님께서 내게 놀라운 말씀을 하셨습니다.

"사랑하는 아들아, 나의 종아, 네게는 원수가 그렇게 많지 않다. 지금 당장 메모지를 꺼내 그 원수의 이름을 구체적으로 한 명씩 적어 보아라. 몇 명이냐?"

"아, 한 명 밖에 안 되는군요."

"그래, 그 한 명도 언제까지나 네게 있지는 않을 것이다. 어느 날 하루 만에 사라진다. 기도하고 구한 것은 받았다고 믿고 감사하고 찬송하라."

"알겠습니다. 원수가 사라졌음을 믿고 감사드립니다. 원수를 영원히 만나지 않게 해 주셔서 감사합니다. 그를 용서하고 사랑하고 축복합니다."

당신에게는 원수가 몇 명이나 있습니까?

"내게는 원수가 한두 명이 아니라 열 명도 넘어요."

다윗은 까닭 없이 자기를 미워하는 자가 머리털보다 많고, 부당하게 원수가 되어 자기를 끊으려 하는 자가 강하고, 자기가 빼앗지 않은 것까지 물어줄 억울한 지경이 되었다고 했습니다. 하지만 그는 낙심하거나 원망하지 않고 종일 하나님을 찬송하고 그분께 영광 돌렸습니다.

"까닭 없이 나를 미워하는 자가 나의 머리털보다 많고 부당하게 나의 원수가 되어 나를 끊으려 하는 자가 강하였으니 내가 빼앗지 아니한 것도 물어 주게 되었나이다. 나는 무리에게 이상한 징조 같이 되었사오나 주는 나의 견고한 피난처시오니 주를 찬송함과 주께 영광 돌림이 종일토록 내 입에 가득하리이다."(시 69:4, 71:7~8)

원수가 어제보다 더 많아졌다고요? 원수가 어제보다 더 강해졌다고요? 원수가 어제보다 더 거세졌다고요?

괜찮습니다. 그 모든 것은 허상입니다.

때가 되면 하루 만에 다 사라질 것입니다. 다윗처럼 항상 소망을 품고 주를 더욱더욱 찬송하십시오. "나는 항상 소망을 품고 주를 더욱더욱 찬송하리이다."(시 71:14)

그는 또한 종일 기도했습니다. "주여, 내게 은혜를 베푸소서. 내가 종일 주께 부르짖나이다."(시 86:3)

당신도 종일 기도하고 찬송하기 바랍니다.

### 원수 문제를 하나님께 맡기라

원수 때문에 밤낮 이가 뿌드득뿌드득 갈립니까?

나도 그런 적이 있었습니다. 악한 영에 사로잡혀 까닭 없이 나를 괴롭히는 그 원수를 생각하면 밥을 먹다가도 숟가락이 멈추고 물을 마시다가도 체하는 것 같았습니다.

성경에도 그런 일이 있습니다. "이유 없이 나를 미워하는 원수들이 새를 사냥하듯 나를 추격한다."(애 3:52)

나는 그 원수를 피한다고 많은 스트레스를 받았습니다.

도대체 어떻게 해야 할까요? 주님이 말씀하셨습니다.

"원수를 생각하지 말고 오직 하나님만 생각하라."

다윗은 원수인 사울 때문에 엄청 괴로웠지만 밤낮 원수를 생각하지 않고 하나님만 생각하며 행복한 나날을 보냈습니다. 사람들은 인상 쓰며 말합니다. "원수를 갚아야 하는데요. 안 그러면 제가 평생 고통당할 거예요. 그 사람을 가만 두면 안 돼요. 어떻게든 죽여 없애야 해요."

그러나 성경은 "원수 갚는 것이 내게 있으니 내가 갚으리라"(히 10:30)고 했습니다. 당신의 원수를 갚는 것은 당신의 영역이 아닌 하나님의 영역입니다. 손 떼십시오.

하나님이 당신의 원수를 기억하고 반드시 갚아 주십니다. 하나님의 영역을 당신이 빼앗아서 처리하려고 하면 안 됩니다. 하나님이 당신에게 말씀하십니다.

"원수 갚는 일은 나의 영역이다. 너의 원수는 내가 갚는다. 원수들이 넘어질 때가 곧 온다. 재난의 날이 가깝고 멸망의 때가 그들에게 곧 덮친다."(신 32:35)

원수는 하나님께 완전히 맡기십시오. 그러면 당신의 마음에서 분노가 사라지고 평강이 가득해질 것입니다. "내 사랑하는 자들아, 너희가 친히 원수를 갚지 말고 하나님의 진노하심에 맡기라. 기록되었으되 원수 갚는 것이 내게 있으니 내가 갚으리라고 주께서 말씀하시니라."(롬 12:19)

어떻게 원수를 하나님께 맡길 수 있을까요?

쉽습니다. 이렇게 한 마디만 기도하면 됩니다.

“하나님, 제 모든 원수를 하나님께 완전히 맡깁니다. 이 문제는 제 것이 아닌 하나님의 것입니다. 더 이상 원수로 인해 분노하거나 염려하거나 긴장하지 않겠습니다. 하나님이 일초도 늦지 않고 정확한 시간에 처리해 주심을 믿습니다. 시간과 공간을 초월해 이미 다 해결되었습니다.”

소송 문제가 있습니까? 원수와의 소송은 모든 방법을 동원해서 무조건 이겨야 합니다. 지면 끝장입니다. 하지만 집안 식구 곧 형제와의 소송이라면 문제가 달라집니다.

이겨도 더 큰 문제가 생길 수 있습니다. 그러므로 길에서 화해해야 합니다. 그리스도 안에 있는 형제와는 소송하지 말고 멈추십시오. 예수님이 말씀하셨습니다. “네가 너를 고발하는 자와 함께 법관에게 갈 때에 길에서 화해하기를 힘쓰라. 그가 너를 재판장에게 끌어가고 재판장이 너를 옥졸에게 넘겨주어 옥졸이 옥에 가둘까 염려하라. 네게 이르노니 한 푼이라도 남김이 없이 갚지 아니하고서는 결코 거기서 나오지 못하리라 하시니라.”(눅 12:58~59)

## 원수는 저울의 작은 티끌 같다

원수의 욕 때문에 마음이 상하지 않았습니까?

나는 원수가 욕하는 것을 듣고 마음이 상했습니다.

주님은 '원수가 그렇게 욕하면 어떠니? 괜찮다'고 하셨습니다. 원수는 죽을 때까지 당신을 욕할 것입니다.

악신 들린 사울 왕 같은 원수가 죽는 것은 하나님이 하실 일이므로 하나님의 손에 맡기십시오. 그 원수보다 억만 배나 크신 성령님, 그 원수보다 억만 배나 더 생생하게 살아 계신 성령님의 세미한 음성에 귀를 기울이십시오.

'아들아, 너는 종일 기도하고 찬송하라.'

당신도 환난과 시련 중에 있습니까? 믿음의 주요 또 온전케 하시는 이인 예수를 바라보십시오. 당신 안에 실제로 살아 계신 예수의 영이신 성령님은 그 원수보다 억만 배나 크신 분입니다. 자나 깨나 오직 그분만 바라보십시오.

고난의 십자가를 참으십시오. "믿음의 주요 또 온전하게 하시는 이인 예수를 바라보자. 그는 그 앞에 있는 기쁨을 위하여 십자가를 참으사 부끄러움을 개의치 아니하시더니 하나님 보좌 우편에 앉으셨느니라."(히 12:2)

당신의 눈앞에 있는 원수는 잠깐 있다 사라지는 '허상'이고 예수의 영이신 성령님이 영원한 '실상'입니다.

"그러나 내가 너희에게 실상을 말하노니 내가 떠나가는 것이 너희에게 유익이라. 내가 떠나가지 아니하면 보혜사가 너희에게로 오시지 아니할 것이요 가면 내가 그를 너희에게로 보내리니."(요 16:7)라고 했습니다.

당신 앞에 계신 성령님의 얼굴을 바라보며 기뻐하기 바랍니다. 다윗이 그랬고 나도 그렇게 살고 있습니다. "내가 항상 내 앞에 계신 주를 뵈었음이여, 나로 요동하지 않게 하기 위하여 그가 내 우편에 계시도다."(행 2:25)

하나님은 당신이 종일 원수를 바라보지 않고 성령님만 바라보기를 원하십니다. 원수와 당신 사이에 실제로 계신 성령님의 얼굴을 바라보며 종일 그분께 기도하고 찬송하십시오. 그러면 당신의 마음이 종일 기쁘고 행복하고 자유로울 것입니다. 다윗도 원수 때문에 마음이 많이 상하고 근심이 충만했지만 그래도 종일 하나님을 바라보며 찬송하고 감사하기로 결심했습니다. "주께서 나의 비방과 수치와 능욕을 아시나이다. 나의 대적자들이 다 주님 앞에 있나이다. 비방이 나의 마음을 상하게 하여 근심이 충만하니 불쌍히 여길 자를 바라나 없고 긍휼히 여길 자를 바라나 찾지 못하였나이다. 내가 노래로 하나님의 이름을 찬송하며 감사함으로 하나님을 위대하시다 하리니 이것이 소 곧 뿔과 굽이 있는 황소를 드림보다 여호와를 더욱 기쁘시게 함이 될 것이라."(시 69:19~20, 30~31)

원수의 비방으로 인해 마음이 상할 때 다윗처럼 종일

기도하고 종일 찬송하십시오. 당신이 하나님께 찬송을 드리는 것은 뿔과 굽이 있는 황소를 드림보다 더 큰 제사입니다. 하나님이 가장 기뻐하시는 제사입니다. 날마다 하나님께 찬송의 제사를 드리십시오. "그러므로 우리는 예수로 말미암아 항상 '찬송의 제사'를 하나님께 드리자. 이는 그 이름을 증언하는 입술의 열매니라."(히 13:15)

원수가 아닌 하나님을 바라보며 항상 기뻐하고 범사에 감사하고 쉬지 말고 기도하십시오. 종일 기도하고 찬송하며 행복하게 지내십시오. 주께는 하루가 천년 같고 천년이 하루 같습니다. 어느 날 하루 만에 원수 문제가 끝납니다.

하나님의 시간에 하나님이 그 문제를 해결해 주십니다.

조금도 염려하지 말고 이렇게 믿고 말하십시오.

"어떤 문제도 그 자리에 계속 있지 않는다."

"어떤 원수도 그 자리에 계속 있지 않는다."

마음이 우울하고 밤에 잠이 안 온다고요?

'예수님이 십자가에서 다 이룬 복음'을 묵상하십시오.

그러면 당신의 마음에 기쁨이 가득해질 것입니다.

인생은 날씨처럼 흐릴 때도 있고 맑을 때도 있고 비가 올 때도 있고 눈이 올 때도 있고 바람이 불 때도 있습니다. 매번 바뀌는 그런 현상과 상관없이 태양보다 억만 배나 크신 예수님을 바라보십시오. 그러면 당신의 마음에 행복이 가득해질 것입니다. 현상이 아닌 믿음만 말하십시오.

하나님은 당신에게 크게 생각하라고 말씀하십니다.

"너희 안에 계신 이가 세상에 있는 자보다 크심이라"(요일 4:4)고 했습니다. 그분은 바로 성령님이십니다. 당신 안에 계신 성령님은 세상 모든 문제보다 억만 배나 크신 분입니다. 세상 모든 문제는 통의 한 방울 물과 같습니다.

"보라 그에게는 열방이 통의 한 방울 물과 같고 저울의 작은 티끌 같으며 섬들은 떠오르는 먼지 같으리니, 그의 앞에는 모든 열방이 아무것도 아니라. 그는 그들을 없는 것 같이, 빈 것 같이 여기시느니라."(사 40:15, 17)

세상 모든 문제를 저울의 작은 티끌처럼 여기십시오.

작은 티끌 때문에 저울이 움직이지는 않습니다.

당신이 겪는 문제들은 아무것도 아닙니다.

크신 성령님과 친밀하게 사귀십시오.

당신은 성령님의 애인입니다.

# 종일 기도

초판 1쇄 인쇄 | 2024년 5월 15일
초판 1쇄 발행 | 2024년 5월 20일

지은이 | 김열방

발행인 | 김사라
발행처 | 날개미디어
등록일 | 2005년 6월 9일, 제2005-44호
주소 | 서울특별시 송파구 백제고분로9길 6(잠실동, A동 3층)
전화 | 02)416-7869
메일 | wgec21@daum.net



종이책 ISBN : 979-11-92329-37-6. 03230
전자책 ISBN : 979-11-92329-38-3. 05230

종이책값 20,000원
전자책값 20,000원